부모를
실망시키는 기술

부모를 실망시키는 기술

초   판 1쇄 발행 2020년 5월 28일
개정판 1쇄 발행 2021년 5월 17일
개정판 2쇄 발행 2021년 6월 10일

지은이 미하엘 보르트
옮긴이 최대환
펴낸이 정해종
편집 & 디자인 유혜현

펴낸곳 ㈜파람북
출판등록 2018년 4월 30일 제2018 − 000126호
주소 서울특별시 마포구 토정로 222 한국출판콘텐츠센터 303호
전자우편 info@parambook.co.kr   **인스타그램** @param.book
페이스북 www.facebook.com/parambook
네이버 포스트 m.post.naver.com/parambook
대표전화 (편집) 02 − 2038 − 2633 (마케팅) 070 − 4353 − 0561

ISBN 979-11-90052-70-2 03190
책값은 뒤표지에 있습니다.

독립적인 인생을 위한 용기

부모를
실망시키는 기술

Die Kunst, die Eltern zu enttäuschen

미하엘 보르트 지음

최대환 옮김

파람북

세계는 당신의 방식대로 존재한다.

데이비드 린치

차 례

부모를 실망시키고 자유로 가는 길

부모와 평화로운 관계를 맺는 사람만이
내적으로 자유로운 인간이 될 수 있다.
자신을 부모의 바람과 기대에 맞추려고 하거나,
반대로 반항하기만 한다면
나는 어떠한 결정의 순간에도 늘 부모와 얽매여 있을 수밖에 없다.
그렇다면 아직 자신의 고유한 목소리를 발견하지 못한 것이다.

부모와의 관계에서 평화를 발견하는 사람만이 내적으로 자유로운 사람이 될 수 있다.

자유롭다는 것은 자신이 느끼고 생각하고 행동하는 데 있어 부모에게 종속되지 않는다는 것을 의미한다. 부모를 있는 그대로 인정하면 부모의 약점과 장점, 상처와 불안과 갈망을 받아들일 수 있다. 그러면 부모를 있는 그대로 사랑할 수 있고, 부모의 생각에 구애받지 않으며 자신이 옳다고 여기는 것을 스스로 행할 수 있다. 이것이야말로 최상의 경우라 할 수 있다.

반대의 경우도 있다. 부모와 화해하지 못하는 사람은 언제나 부모에게 반항하는 데 애를 써야 한다. 부모의 약점, 원칙, 가치, 생활 태도, 정치적 견해, 좋아하고 싫어하는 것 등에 대해서 말이다. 그러나 부모에게 대항하려고만 하면 자신의 고유한 인생을 보지 못한다. 사람들은 각기 다른 방식이기는 하지만 다들 이러한 부정적 경험을 지니고 있을 것이다.

생각보다 많은 사람이 독자적 인생을 살지 못하고 있다는 사실을 절실하게 깨닫게 된 계기는, 내가 가족 경영 회사의 젊은 경영자들에게 조언하는 자리에 서게 되었을 때였다. 젊은 예비 경영자들이 부모의 회사를 이어받기를 원하는지 스스로에게 질문을 하는 과정에서, 그들이 어떤 결정을 할 때마다 부모를 실망시키고 싶지 않다는 마음이 크게 영향을 미친다는 것을 알게 되었다.

부모가 자신의 자녀들 중에서 후계자를 찾기 바라는 내용을 명시적으로 밝히지는 않았다 하더라도 자녀들은 이미 직

관적으로 그런 부모의 의중을 감지한다. 그들은 부모를 실망
시킬 수 있다는 불안감, 부모의 총애를 잃을 수 있다는 위험
때문에 그들이 어떤 삶을 살고 싶은지 자신에게 제대로 묻지
못했다.

물론 이와는 정반대로 반응하는 사람들도 있다. 절대 부모
가 바라는 대로 되지 않으려는 사람들 또한 있다. 그들은 부
모가 원하는 삶, 최소한 그렇게 보이는 삶의 방식과 정반대로
행동하기 위해 노력한다. 부모가 가정을 이루는 모습이나, 교
육방식이나 일하는 태도 등과 같은 삶의 모습들을 거부하는
데 많은 에너지를 쏟는 것이다.

그런데 이런 경우 간과하기 쉬운 것은, 거부하는 반응 자체
가 순응하며 살아가는 사람들과 같은 유형의 틀에 갇혀 있다
는 사실이다. 순응하든, 싸우려 들든, 그 어떤 경우의 결정이
라 하더라도 부모와 얽혀 있게 된다. 양보를 하든 저항을 하
든 부모와의 관계에서 비롯된 것일 뿐, 진정으로 독립을 꿈꾸
는 자신은 여전히 어둠 속에 갇혀 있는 것이다.

자신의 목소리를 발견하는 것, 자신의 정체성을 확립해가고, 고유하며 자신에게 어울리는 것에 대한 감각을 키우는 것은 평생토록 해나가야 하는 작업이다. 스스로 한 선택에 책임을 질 줄 아는 삶을 이끌어가는 것은, 이미 도달했거나 한번 경험했다고 해서 다시 잃어버리지 않는 부동의 것이 아니다. 이것은 다가갈 수 있으나 언제라도 다시 멀어질 수 있는 일종의 이상향이다. 이를 위해 꼭 필요한 첫걸음은 다른 사람들의 바람과 기대에 대해서 경계를 하는 것이다. 다른 사람이 바라는 것을 추구하기만 할 뿐, 자기 자신에 대해 귀 기울이는 것을 배우지 못한 사람은 본인의 정체성을 제대로 만들어갈 수 없다.

좀 가혹한 소리로 들릴지 모르지만, 자신에게 더욱 잘 어울리는 인생의 길을 가기 위해서는 다른 사람을 실망시키는 위험을 감수해야만 한다.

다른 사람의 기대에 부응하기 위한 삶이란, 사실 나 자신에겐 괜찮지 않은 삶일 수도 있다. 누군가를 실망시키는 위험을 감수한다는 것은 다른 사람들이 나를 향한 애정을 거두어들일지도 모른다는 위험을 안고 가는 것을 의미한다. 그리고 그 관계가 중요하면 중요할수록, 우리는 상대방을 실망시킬 위험을 감수하는 것을 주저하게 된다.

부모와의 관계에서는 더욱 그렇다. 부모가 우리에게 보내는 애정이 깃든 눈길과 축복을 잃고 싶지 않기 때문이다. 그래서 다른 사람을, 특히 자신의 부모를 실망시킬 수 있는 능력은 하나의 '기술'이다. 즉, 건설적인 방식으로 실망시키는 것 말이다. 최선의 경우는 실망을 통하여 부모와 새롭고 더욱 깊으며 인격적인 관계를 이루는 것이다.

이는 물론 부모와의 관계에만 해당하지는 않는다. 부모와의 관계가 각별한 성격을 가지는 것은 분명하지만, 그 외에도 우정이나, 사랑, 혹은 직장에서의 관계에서도 마찬가지로 생산적 실망을 위해서 반드시 요구되는 내적 자세가 있다.

이와 관련된 삶의 기술은 어떤 것이며, 어떻게 이를 수 있는지가 이 책의 주제이다.

나는 이에 대해 철학자의 입장에서 접근하려고 한다. 철학자의 시선은 보다 근원적인 것, 즉 인생 전체를 조망한다. 이러한 시각에서 우리 실존의 문제들에 답변하려 시도한다. 이러한 관점의 중요성은 자동차를 운전할 때 사용하는 네비게이션을 떠올리면 더 쉽게 설명할 수 있다. 네비게이션은 운전할 때 매우 유용하며 우리를 쾌적하게 목적지로 인도한다. 그러나 매번 다음에 나오는 갈림길만 주목하게 되면 더 중요한 것을 놓칠 수도 있다. 바로 전체를 조감하는 안목 말이다.

네비게이션이 등장하기 전에 사람들은 시가지 지도를 확인하면서 운전했다. 그러면 지금 향하고 있는 목적지만이 아니라, 지도 전체에서 어디쯤 지나고 있는지를 대체로 머리에 넣고 운전할 수 있었다. 전체적 시야를 잃게 되면, 목적지로 가는 중간의 지점들과 그리로 향하는 길들이 올바른지 확신할 수 없다. 우리의 삶도 이와 마찬가지다.

나는 이 책을 통해서 실망에 대한 포괄적인 시야를 다루고

자 한다. 마찬가지로 스스로를 자유롭게 하고 부모와의 관계에 새로운 깊이를 부여할 수 있도록 최상의 결과를 추구하는 내적 태도를 펼쳐보고 싶다. 이러한 깊이는 우리에게 고유한 내적인 목소리를 선사할 것이며, 이것이야말로 무엇보다 중요한 것이라 하겠다.

내 관심사는 실망과 깊이 결부된 '잠재된 역동성'이다. 이는 실망에 대한 우리의 자세와도 관련이 있다. 부모와의 관계에 있어 제대로 된 핵심은 건드리지 못한 채, 실망과의 진지한 내적 대결 없이 우리는 경솔한 행동 습관에 따라 쉽게 반응한다. 자녀들은 부모와 격렬히 대결할 수 있겠지만, 사실 이것은 별다른 결과를 얻지 못한다.

대결만으로는 관계를 변화시킬 수 없고 자녀들의 내면적 삶 자체도 변화하지 않는다. 이런 자세는 부모와 관계를 유지하기가 더욱 어려워지고 결국은 진정한 해결이 불가능한 상황에 다다르게 한다. 왜냐하면 부모만큼 성장하지 못한 채, 부모와 영원히 이별하게 되기 때문이다.

부모와 화해하는 것은 실제로 부모와 무난한 관계를 맺고 있는 것을 의미하지는 않는다. 서로 의존적인 관계이므로, 자녀는 부모에게 의존할 수밖에 없으며 자신의 주체성은 매우 제한된 정도만 영향력을 미친다. 주체적 삶을 살지 못하면 부모와 바람직하지 못한 방식으로 연결되고, 스스로 결정하는 삶을 살아가기 힘들게 하는 내적 역동성이 생기는 것이다. 별탈 없이 부모와 무난하게 지내고 있다고 해서 이러한 역동에서 벗어난다고 생각하는 것은 큰 착각이다.

앞으로 더 살펴보겠지만 부모와 잘 지낸다는 것은, 부모와의 구체적인 관계에서만이 아니라, 부모와의 관계에서 벗어나 자신과 맺는 관계에도 관련되기 때문이다. 그리고 이를 위해서는 한 사람이 정말로 자신이 원하는 것이 아닌, 때로는 오히려 실망시키고 싶은 타인의 기대와 대결하는 것이 결정적 의미를 가진다.

먼저 혼자만의 시간을 통해 자신에 대하여 스스로 묻는 것

이 중요하다. 다음과 같은 질문들은 앞으로 전개될 숙고들에
동감하면서 자신의 개인적 상황에 적용하여 실제로 삶에 유
익하도록 유도하는 데 도움이 될 것이다. 예를 들면, 나는 부
모에게 어떤 실망을 주었는가. 반대로 나는 부모에게 실망한
적이 있는가. 그렇다면 언제, 어떤 이유로 실망했는가. 혹시
반복해서 부딪히는 실망이 있지 않은가. 아니면 번번히 큰 실
망을 하게 되는 일들이 있는가. 지속적으로 실망하게 되는 사
람들이 있는가. 만일 그렇다면 그 이유는 무엇인가. 여전히 당
신의 현재를 규정하고 있는 과거의 일에 대한 실망인가.

　예를 들면, 새로운 사람과의 만남이나 새로운 일에 몰두하
는 것을 어렵게 하는 실망들이 있는가. 당신이 기꺼이 실망을
안겨주고 싶은 사람들이 있는가. 진실로 자신의 삶을 자신의
것으로 만들기 위해 어쩔 수 없이 실망시켜야만 하는 사람이
있는가. 당신은 이런 사실에 대해 어떻게 생각하는가. 당신이
다른 사람을 실망시켜야 할 때, 당신은 스스로에게 실망하는
가. 그래서 차라리 사람들에게 맞춰주려 애쓰지는 않는가.

당신은 실망이라는 주제에 관해서 이와 전혀 다른 질문들이 있고, 이에 대해 고민하고 답을 찾고 있는가.

|

건설적인 방식으로 부모를 실망시킬 수 있는
능력은 하나의 '기술'이다.

착각으로부터의 자유

다른 사람을 실망시키는 모든 과정은
스스로 자유로워지는 것이다.
우리가 사로잡혀 있던 모든 착각과 환상,
기대심리로부터 자유로워지는 것이다.
자신이 겪는 실망들을 어떻게 건설적으로 대할 수 있는가는,
나를 둘러싼 세상과 다른 사람이
실제로 어떠한 존재인지를 알고자 하는
열린 마음에 달려 있다.

모든 실망은 곧 자유로워지는 것을 의미한다. 우리를 사로잡고 있던 모든 착각과 환상, 희망사항으로부터의 해방이다. 실망할 때 비로소 착각이 사라진다. '실망하다'라는 독일어 단어의 구조가 이를 보여준다. 우리는 착각에서 벗어나며(ent-täuchst), 우리가 틀렸고 착각하고 있었음을 깨닫는다.(ent는 '제거'의 의미를 지닌 전철이며, täuschen은 '속이다', '(재귀용법으로) 착각하다', '속다'의 의미-역주)

이는 대단히 극적일 필요는 없다. 휴가 중에 매혹되었던 포도주를 집에 돌아와서 마셔보니 그때의 맛과 다를 때, 우리는 실망한다. 내가 기대했던 것과 다르기 때문이다. 이때 실망에 대해 질문을 던져보면 알게 되는 것이 있다. 신경 생리학자들이 말하듯, 우리의 미각 기호는 그다지 중립적이지 않다. 그 매혹이 실은 태양의 강렬함, 석양의 인상, 기후, 심지어 휴가지에서 느끼는 느긋한 기분 등에 의존하고 있다는 것을 알 수 있다.

  생각할 거리를 더 많이 주고, 현실에 대한 우리의 관점을 바꾸게 하는 또 다른 실망들이 있다. 나는 지금도 2016년 11월 9일 아침에 도널드 트럼프가 미합중국의 마흔다섯 번째 대통령이 되었다는 뉴스를 들었을 때 느낀 실망을 여전히 생생하게 기억한다. 힐러리 클린턴이 당선되었다 한들 좋아하지는 않았겠지만, 적어도 트럼프 같은 인물이 미국의 대통령이 된다는 것은 한마디로 불가능하다고 여겼다. 그러니 큰 실망을 할 수밖에. 미국에 대해 내가 가지고 있는 생각이 현실에 부합된 것이 아니었음을 직시해야 했다.
  내 생각들은 주로 뉴욕에 사는 친구들과의 교류와 독일에서 자주 접하게 되는 언론 보도들을 통해서 형성된 것이었다. 이렇게 실망을 통해서 나는 미국에 대해서 비로소 더 많이 알게 되고, 미국의 국민들이 가지고 있는 실제 견해들을 더 잘 알게 되었기를 바란다. 비록 이런 경험이 이해하기 어렵고 마음에 들지 않는다 하더라도 말이다.

실망에 대한 개인적인 또 다른 사례가 있다. 아마도 여러분도 오랜만에 어떤 친구를 만나서 실망을 겪은 경험이 있을 것이다. 약속을 앞두고 사람들은 차분하고 느긋하게 대화를 나눌 것을 기대하며 미리부터 즐거워했으나, 막상 친구는 자신의 일과 걱정으로 가득 차 있어서 불안정하고 계속 주제를 바꿔가며 자기 이야기에만 몰두해서 대화의 흐름이 제대로 이어지지 않는 경우가 있다. 친구는 도무지 상대의 말을 경청하지 않고 마음을 열지도 않아 만남의 자리가 서로 함께하는 것이 아니라 내내 각자 겉돌고만 있는 상황이 된다. 이런 상황에서 교감은 불가능하다.

이런 상황을 우리는 어떻게 해석해야 할까? 먼저 친구에게 짜증을 내거나, 거리를 두면서 서로의 우정에 의문을 제기할 수 있을 것이다. 그러나 또 다른 해석도 가능하다. 실망은 실망으로 받아들이되, 친구의 현재 상황을 깊이 공감해주고 위로할 준비를 하는 것이다. 그 만남을 현재 친구가 처한 상황을 좀 더 이해하는 기회로 삼는 것이고, 스트레스와 압박이 심한 친구의 처지를 감지하는 것이다. 이로써 우리는 친구가 대화 중에 얘기한 내용보다 더 많은 것을 친구의 태도를 통해 알게 된다. 친구가 내게 실망을 안겨준 것은 어쨌든 개인적으로 유감스러운 일이고, 또다시 흉금을 터놓고 만나서 서로 잘 경청하는 관계를 위해 시간이 필요할 수도 있겠지만, 그래도 이런 경험은 우정을 더 단단하게 하는 계기가 될 수 있다.

'우리가 실망을 받아들일 때 갖는 관점이 무엇인가'라는 질문은 이러한 예에서 볼 수 있듯 '우리는 실망을 어떻게 경험하는가'라는 문제로 귀결된다. 어떤 행위를 하는가도 마찬가지다. 첫 번째 예에서 우정 자체에 의문을 제기하게 되었다면,

두 번째 예에서는 친구가 안고 있는 문제를 확인할 수 있었다. 이런 경우, 진정한 우정이라면 서로 흉금 없는 대화를 나누면서 나 자신의 의도와 필요는 잠시 뒤로 미루어두고 친구의 입장에서 버팀목이 되어주는 것이 우선적 관심사가 된다.

실망에 대한 건설적인 태도는 어떤 것일까. 이것은 '실재'에 부합하는 것을 경험할 준비를 하는 것에 달려 있다. 이는 다른 사람들과 세계가 실제로 어떠한가를 경험하는 것을 뜻한다. 실망의 경험들을 통해 다다르게 되는 실재론적 관점(Realismus)은 늘 우리가 자신을 더 잘 발견하도록 도와준다. 우리 자신에게 환상을 심어주는 한, 희망사항과 현실을 헷갈리는 한, 우리가 생각과 감정을 통해 도달한 결정들은 대개 의도했던 결과를 얻지 못한다. 실망은 때로는 버거울지라도 우리를 실재의 중심에 단단하게 닿게 한다. 여기에 자유롭게 하는 힘이 있다. 실망을 통해 우리가 좋은 열매를 맺게 되는 힘이다.

깨어 있고 또렷하게 의식하며 실망을 대할 때 꼭 기억해야
할 것이 있다. 우리는 유아기와 청소년기에 부모에게 매우 심
각하게 실망하게 된다는 사실이다. 내가 부모에 대해 가지고
있는 이미지와 부모의 본모습이 다르다는 것을 경험하게 된
다. 부모는 자녀들을 실망시키는 것을 피할 도리가 없다. 자녀
들은 영아기와 유아기에 부모에게 절대적으로 의존하고, 그
러기에 그들은 부모를 무엇이든 다 할 수 있고 틀린 것이 없
는 존재라 여기며 아무런 조건 없이 신뢰한다. 누구에게나 어
릴 때 자신의 부모는 언제나 최고인 것이다.

그러다가 조금씩 유보적인 생각을 갖게 되는 시기가 오고
크든 작든 경계선들이 생기기 시작하면서, 부모와 함께 있는
것 자체를 엄청나게 창피해하는 시기를 겪고 난 후 성인이 된
다. 성인이 되는 것은 스스로 거리를 두고 부모를 바라보게
된다는 의미이다. 자녀들은 부모가 한계와 오류를 지닌 사람
이라는 것을 깨닫고 부모 역시 상처받을 수 있고 갖가지 필요
한 것들이 있으며, 항상 자녀들을 보호할 수 있는 존재가 아

니라는 것을 알게 된다.

점차 거리를 두는 과정에서 부모에게 실망하는 과정을 겪게 되는데, 이 과정은 사춘기가 지나간 후에도 끝나지 않는다. 우리가 한 명의 자녀로서 부모와 갖는 관계의 역동성은 사춘기를 넘어서서 삶 전체에 영향력을 끼친다. 부모에 대해 갖게 된 이미지는 우리 내면에 매우 깊이 뿌리내리고 있다.

예를 들어 부모가 주는 보호, 안정감을 희구하는 원초적 욕구를 생각해보자. 부모가 내 뜻대로 달라지기를 바라는 희망사항 내지 몽상과 작별하고 부모를 지금 내가 보고 있는 그대로의 모습으로 받아들이는 것은 사실 인생에서 가장 어렵고도 기초가 되는 학습 과정이다.

|

사실 먼저 실망을 경험하는 것은
부모가 아니라 자녀이다.
부모에 대해 가지고 있던 이미지가
부모의 본모습과 다르다는 것을
깨닫게 되기 때문이다.
부모는 자녀를 실망시키는 것을 피할 도리가 없다.

자기 자신 알아가기

우리가 다른 사람들을 판단하고
평가하는 것을 멈추기 위해서는,
먼저 자기 자신을 평가하려는 태도를 버려야 한다.
그래야만 다른 사람들을 있는 그대로 받아들일 수 있고,
또한 자신을 존재 그대로 인정할 수 있다.

실망들을 받아들일 때, 처음으로 다른 사람들과 세상을 있는 그대로 보는 법을 배울 기회를 얻게 된다. 우리는 실망을 통해 다른 사람들에 대해서 중요한 무엇인가를 배울 뿐 아니라, 자기 자신에 대해서도 배우게 된다. 자신에게 스스로 실망할 때가 바로 그 순간이다.

새해가 되면 다짐하는 몇 가지 흔한 결심들을 떠올려보자. 다이어트, 운동 열심히 하기, 담배 끊기 같은 것 말이다. 겨우 몇 주도 지나지 않아 제자리로 돌아오고, 관성은 다시 힘을 얻는다. 동기부여는 바닥을 치고 일상의 스트레스만 커진다.

그리고 어느새 언제 그런 결심을 했냐는 듯 내가 했던 결심들은 허공으로 사라지고 만다.

새해 결심을 제대로 지키지 못해서 받는 실망은 그다지 극적인 것은 아니지만, 이러한 경험에서도 우리는 자기 자신에 대한 이미지 또는 자기인식을 도출해볼 수 있다.

좋은 결심이라는 것은 매우 모순적이다. 이러한 격언이 있다. "지옥으로 가는 길은 좋은 결심으로 포장되어 있다."

좋은 결심은 우리가 지속적으로 도전할 수 있는 역할을 한다. 그러나 다른 한편으로는 위험성을 지닌다. 원칙적으로는 분명 추구할 가치가 있기 때문에 누구도 반대할 수는 없으나, 객관적으로 보자면 대부분 자신의 능력을 넘어서는 목표를 설정하기 때문이다. 우리 시대에는 이런 경향이 더욱 두드러진다. 과도한 이상향을 목표로 지향하는 반면 실제의 삶에 부합되며 자신에게 어울리는가에 대해서는 지나치게 무관심하다는 하나의 신호이기도 하다.

이러한 이상향의 예로 이상적 체중, 이상적 식생활, 이상적으로 단련된 육체 등이 있다. 이상적 어머니, 이상적 아버지가 되는 것도 포함된다. 이상적 부모는 능력 있는 사람이어야 하고, 새로운 미디어 환경과도 이상적 균형을 유지해야 한다. 또한 자녀로서 나이 든 부모의 변덕스러운 기분에도 완벽한 인내심으로 대해야 하며, 그 밖에도 수많은 것들이 요구된다.

이상향을 추구하는 것은 언제나 실제 사람들이 살아가는 삶을 간과할 수 있다는 위험이 있다. 좋은 결심들이 데려가는 '지옥'은 아무런 결실을 맺지 못할 때 스스로에 대해 내리게 되는 판단, 자기 자신 안에서 만나는 부정적 자아상 등을 의미한다. 결국에는 이제 좋아지기는 결코 어려울 것이라는 부정적 기분만 쌓여갈 뿐이고, 자신은 결심한 바를 해낼 수 없는 사람이라는 자괴감만 커진다. 그러나 우리는 오히려 그 결심들에 대해 의심을 가져볼 필요가 있다. 그 결심의 기저에 깔린 자신의 이상적 이미지에 대해 의문을 제기해야 한다. 스스로 만든 자신의 이미지는 합리화하기 힘든 내면의 자화상

만큼 자신을 괴롭히고 장기적으로 인생을 불만족스럽게 만들기 때문이다.

자신에 대한 불만족을 만드는 좋은 결심만이 문제가 되는 것은 아니다. 종종 더 아프게 다가오는 실망들이 있다. 목표에 도달하지 못했고 계획을 실현하지 못했을 때, 그 실망의 크기는 스스로 부여했던 목표에 대한 중요성에 따라 결정되기 때문이다. 예를 들어보자. 한 학자가 오랫동안 작업해왔던 논문을 출판할 기회를 갖지 못하게 될 때, 연구를 위한 자리에 지원했는데 채용되지 못할 때, 자신은 앞으로 훨씬 더 많은 것을 이루리라 생각했으나 자신의 학력이나 경력의 사다리가 끝난 것을 감지하게 될 때, 이러한 경험들은 자존감에 심한 상처를 준다.

한편, 아프신 부모가 돌아가시기 전에 문제가 될 만한 진료를 받지 않도록 의사에게 이의를 제기하지 못했을 때 이와 비슷한 감정에 휘말린다. 결혼 생활이 난관에 빠졌을 때, 일생동안 꿋꿋하게 잘 해내고자 했던 인생계획을 꾸준히 해내고 있음에도 나는 왜 행복하지 않을까 하고 스스로에게 물을 때도 마찬가지다. 우리는 자신에게 실망하며, 왜 우리는 우리가 원하는 것에 다다르지 못했는지 묻게 된다.

우리는 자신에게 실망했던 점을 결코 잊지 못한다. 노년기에 이르러 인생을 판단할 때, 그 실망들과 더불어 젊은 시절 꿈꿨던 많은 것들을 대부분 이루지 못했다는 자괴감에 빠지기도 한다. 인생은 우리가 그 당시 꿈꿨던 것과는 다르게 흘러왔다. 세상은 우리에게 열려 있었고, 우리는 행복한 가정을 이루고 부를 얻기를 원했으며, 나의 가능성에 대해서 그리고 우리를 기다리고 있는 것에 대해 이상적인 기대를 했다. 그리고 세월이 흘러 한때 솟구쳐 올랐던 희망과 현실 사이의 괴리가 너무나 크다는 것을 깨닫게 된다. 이러한 사실을 자각하는 것은 때때로 매우 힘겹고 피곤한 과정이다.

우리는 이러한 실망들을 통해, 기대나 바람과는 상관없이 나 자신이 그다지 철두철미하지 않고, 외모가 출중한 것도 아니며, 현명하거나 재능으로 넘치지도 않고, 균형 잡힌 생각과 친절한 성품을 지니고 있지도 않으며, 인기가 있거나 집중력이 탁월한 사람 또한 아니라는 것을 깨닫게 된다. 이런 인식의 순간에 오는 씁쓸함을 피할 수는 없다. 이처럼 진실과 대면하는 것은 불편한 일이다. 그러나 단점만 있는 것은 아니다. 진실과의 대면은 우리의 인생을 건강하고 지속적인 바탕 위에 세우는 것에 도움을 준다.

인정하고 싶지는 않겠지만, 이미 그러한 바탕 위에 있다면 우리는 자신의 부족한 부분을 명료하게 알고 있다는 것이고, 그만큼 내가 무엇을 얼마나 이룰 수 있는지 객관적으로 판단할 수 있음을 의미한다. 이것은 목표한 바를 실천으로 옮길 수 있는 재능을 발견할 수 있는 긍정적 요소이다. 어쩌면 주변 동료처럼 재빠르거나 잘 훈련되어 있지 못할지라도, 단점을 보완할 수 있을 만큼 창의적이거나, 주의력이 있거나 다른 사람에 대해 섬세한 감각이 있어서 직장 분위기를 좋게 하는 능력이 있을 수 있다. 그리고 여기에는 또 하나의 결정적인 장점이 있다.

실망과 대결하는 과정을 통해 점점 더 나의 한계를 잘 받아들이게 되면 그것이 우리를 변화시킨다는 것이다. 가장 이상적인 것은 받아들이기 어려웠던 것들을 대면하는 과정에서 다른 사람을 상대할 때, 훨씬 더 많은 공감을 하면서 다정다감해지고 너그러워진다는 것이다. 자신에 대해 평가하기를 멈추었을 때, 다른 사람을 판단하고 평가하는 것 역시 그만둘 수 있다. 다른 사람을 엄격하게 '옳음'과 '그름', '좋음'과 '나쁨'으로 분류하지 않게 된다는 것이다. 내 인생은 있는 그대로의 그것이고, 무언가를 해내거나 바꾸어야 할 필요도 없으며, 자신에 대해 고민할 필요 또한 없다.

내 안에 있는 모든 것은 그대로 놓아두어도 된다고 받아들이는 것은 깊고 새로운 경험으로 이끌어준다. 이것은 곧 놓아둠과 안정감의 경험이다. 내 인생을 세워둘 단단한 기초를 놓으려 애써 긴장하고 큰 힘을 들일 필요가 없다. 이로써 깊은 영적 체험으로 모여질 가뿐함과 인생의 기쁨이 생겨난다. 내가 더 이상 자신에 대한 이미지에 연연하는 대신 나의 실재를 직시할 수 있는 만큼 내 인생과 나에게 정말 중요한 무엇인가가 있다는 것을 발견하게 된다. 이를 위해서 먼저 무엇인가 다른 존재가 되고 멋진 사람이 될 필요는 없다. 나는 다른 사람을 그가 존재하는 방식 그대로 놓아둘 수 있고, 나 역시 있는 그대로의 모습으로 놓아둘 수 있다.

확실한 것은 이것이다. 모든 사람이 실망이라는 경험에서 같은 반응을 보이지는 않는다. 이런 경험이 자신에게 의문을 던지게 하는 계기가 되지 못하는 사람들이 있다. 그들은 오히려 자신의 실패에 대한 책임을 언제나 다른 사람이나 외부적 원인으로 돌린다. 이러한 인생관은 당장은 나름의 장점이 있는 듯 보인다. 다른 사람에게서 잘못을 찾는 것은 이상화된 자기에 대한 이미지가 흠집 나지 않도록 지키는 역할을 한다. 이러한 사람들은 스스로가 느끼기엔 언제나 자신은 훌륭하고, 반면에 다른 사람들과 세상은 엉망이다. 그러나 그들은 스스로 알지 못하는 사이에 매우 비싼 값을 치르게 된다.

그들은 자신을 적대적 환경의 희생자로 바라본다. 그들에

겐 모두가 자신의 노력과 계획을 망치는 적이 되어버린다. 이런 사람들은 자신의 삶에 대해서는 무력하며, 반면에 자신의 행복을 가로막는 수많은 다른 사람들에게 의존한다. 이러한 사람들은 쉬지 않고 불평하면서도, 정작 자신은 외부 세계에 의존함으로써 야기된 근본적인 불만족 안에서, 모든 일과 사람을 향해 뾰족한 날을 세우게 되며 그래서 함께하기 힘든 사람이 된다.

|

지옥으로 가는 길은 좋은 결심들로 포장되어 있다.
원칙적으로는 분명 추구할 가치가 있으나,
객관적으로 자신의 능력을 넘어서는 목표를
설정하기 때문이다.

진정한 갈망으로 가는 길

갈망과 필요는 인간존재의 결핍성과 의존성을 보여주며
우리를 상처받게 한다.
그러나 갈망을 의식하며 감지하는 만큼,
우리는 자신의 행위에 동기를 부여하는
내면의 모범을 인식할 수 있다.

다른 관점에서 보면
우리는 실망을 통해 자신에 대해 많은 것을 알게 된다. 타인
과 현실이 내가 기꺼이 바라는 모습과 다르다는 사실을 직면
할 뿐 아니라, 내가 바랐던 내 모습과 실제의 내가 다르다는
것을 깨닫게 되기 때문이다. 실망 중에는 분명하게 알 수 없
었던 소망이나 필요, 불안이나 갈망을 경험하게 하는 것들도
있다. 이런 실망은 다른 종류의 실망보다 더 힘겨운 법이다.
마치 발밑의 바닥이 꺼져버리는 기분이 들 정도로 힘들 수 있
다. 내가 자신에 대해 알고 있다고 자신하지 못하기 때문이다.
    이런 사례에 해당하는 것 중 하나는, 내가 보여준 전적인

신뢰가 악용되었을 때 느끼는 실망이다. 예를 들어 나에 관한 아주 개인적인 내용을 누군가 퍼뜨리고 다닌다면, 당연히 나는 크게 상처를 입을 것이고, 그런 일을 한 사람에게 실망할 것이다. 그러나 이것이 전부가 아니다. 이러한 종류의 실망은 다른 실망들과 달리 연이어 다가오는 의문들 때문에 더욱 고통스럽게 다가올 것이다. 어떻게 이런 일이 나에게 일어났지? 내가 전적으로 신뢰했던 그 사람이 사실은 신뢰할 만한 사람이 아니라는 사실을 왜 진즉 알아차리지 못했을까? 내 안의 그 무엇이 이런 사실에 눈뜨지 못하게 했을까?

다른 유형의 사례도 있다. 예를 들어 매번 같은 유형의 사람에게 사랑에 빠지고 그 관계가 얼마 안 가서 깨져버리는 경우, 마른하늘에 날벼락처럼 닥친 나를 떠나겠다는 배우자의 통보, 야심차게 시도했으나 예상치 못한 리스크나 사기로 인해 빚어지는 반복적인 사업 실패 같은 것들이다. 이러한 상황에 이르면 스스로에게 질문을 던지게 된다. 왜 나는 일이 이렇게 잘 못되어가는 것을 미리 예상치 못했는가? 왜 이를 보지 못했는가? 더 가혹하게 말하자면, 왜 내게 다가오는 일들과 정면으로 마주 대하는 것을 원치 않았던가? 나는 왜 다른 사람들이 보여 주었을 법한 최초의 신호나 경고를 진지하게 받아들이지 않았던가?

이러한 실망들은 인지심리학에서 연구되는 일반적 현상의 하나이며, 특히 고통스러운 변주에 해당한다고 할 수 있다. 우리가 실재를 지각하는 것은, 우리에게 필요하거나 두려움을 야기하는 것들에 의해 선택적으로 정해진다는 경험적 사실 말이다. 우리는 일상에서 이런 경험을 할 수 있다.

바람직한 경우는 아니겠지만, 집에 놀러온 친구가 담배를 사고 싶다며 나에게 묻는다. 하지만 담배 자판기가 내 집에서 겨우 두 블록밖에 안 되는 거리에 떨어져 있다 해도 나는 어디에서 담배를 살 수 있는지 답하지 못한다. 심지어 그 자판기를 내가 매일 아침저녁으로 지나친다 해도 담배를 피우지 않는 나는 그 장소를 정확히 인지하지 못하는 것이다. 조금 더 자세하게 설명하자면 우리는 다른 사람과 실재를 있는 그대로 인지하는 것이 아니라, 내가 관심이 있고 사고하는 방식으로 받아들인다는 것이다. 영화감독 데이비드 린치의 말이 이를 상징적으로 표현한다.

"세계는 당신의 방식대로 존재한다."

이러한 실망에서 중요하게 작동하는 것들이 있다. 친밀함, 신뢰, 지지에 대한 우리의 필요와 갈망이다. 마찬가지로 성공과 돈, 사회적 지위에 대한 필요와 갈망 역시 실재를 감지할 때 우리의 내면을 장악하여 조종할 정도로 크게 작용할 수 있다. 위의 예들이 의미하는 것은 이렇다. 우리가 지금까지 다른 사람을 제대로 평가하는 데 무력했다면, 이는 그 사람들이 내가 가진 필요를 채워주기를 바라는 마음이 과하게 컸기 때문이다. 내 안의 갈망이 현실과 실재를 제대로 인식할 수 없도록 눈멀게 했고, 그리하여 최종적으로 남는 것은 실망하는 것 뿐이다.

예수회를 창설한 이나시오 로욜라 성인은 우리 내면의 삶

에서 바로 이러한 측면과 관련하여 하나의 전복적인 생각에
도달했다. 이냐시오는 모든 사람에게 산성의 약한 자리가 있
다고 말한다. 이를 통해서 '원수들'은 우리 내면의 삶 안으로
들어올 수 있다. 여기서 이냐시오가 말하는 '산성의 약한 자
리'란 한 인간의 잘못이나 약점으로 해석되기도 하지만, 사실
여기에는 그보다 더 풍부한 의미가 담겨 있다.

우리의 삶이 불행하고 불만족스러운 것은 전적으로 우리의
잘못이나 약점 때문이 아니다. 오히려 말로 표현할 수 없는
자기 안의 필요와 갈망이 더 큰 문제다. 성공적 삶을 방해하
는 '원수들'이 바로 그곳을 통해서 우리 영혼의 성안에 침투
하게 된다. 그들은 우리 영혼의 성을 완전히 폐허로 만들지는
못한다 하더라도 적어도 거대한 균열을 낼 수 있다.

우리의 갈망과 필요는 인간 본질이 지닌 결핍과 의존성을
보여주며 우리를 상처받을 수 있는 존재로 만든다. 우리의 필
요를 만족하게 하고 우리의 갈망을 잠잠하게 하는 데 있어 우
리가 가지고 있는 힘은 제한적이다. 그러나 적어도 우리는 우

리 안에 갈망과 필요가 가져오는 혼돈이나 상처들의 범위 정
도에는 분명히 영향을 줄 수 있다.

우리의 갈망을 의식하며 지각하는 딱 그 정도만큼 우리는
행동에 동기가 되는 내면의 모습을 인식할 수 있다. 즉, 우리
는 왜 우리가 우리에게 해가 되는 유형의 사람과 사랑에 빠지
는지, 어떤 특정한 사람들은 그렇게 쉽게 신뢰하게 되는지를
이해하게 되는 것이다. 그리고 우리는 이처럼 잘 인식하고 있
으므로 이런 일에 대해서 무엇인가 대처를 할 수 있다.

예를 들면 갈망이 그리로 향하고 있다는 것을 느끼면서도
누군가와의 관계를 시작하기를 자제한다든가, 매우 달콤하게
보이는 사업을 성급히 계약하지 않는 것 같은 것들이다. 만일
우리가 이런 사람들에게 신뢰를 주고 싶은 갈망이 있다는 것
을 인식하고, 또 최상의 경우에는 이런 갈망에 명료하게 이름
붙일 수 있다면, 우리는 그 갈망을 다룰 수 있는 능력을 갖추
게 된다. 만일 내 안의 갈망을 인식하지 못하면, 우리는 갈망
에 휩쓸리게 된다. 그때 갈망은 우리가 원하지 않는 어딘가로

우리를 끌고 갈 것이다. 그러나 우리가 의식하며 감지하고 있는 모든 동기, 감정, 두려움과 갈망은 더 이상 힘을 갖지 못한다. 자신에 대한 이러한 인식에 힘입어 우리는 자유롭게 우리 내면의 움직임을 따르거나, 그것이 아프게 다가온다 하더라도 그것을 따르지 않아야 할 충분한 이유가 있다면 따르지 않을 수 있다.

부모와의 관계도 말로 표현할 수 없는 친밀함과 이해, 보호해주고 품어주기를 바라는 갈망과 필요가 중요한 역할을 하고 매우 아프게 다가오는 실망의 원인이 된다. 가만히 살펴보면 이는 내가 아이였을 때 부모에 대해 가졌던 필요와 동일하다. 그 당시에 이미 채워졌던 것이든, 아니면 채워지지 못한 채 남은 것이든 이러한 필요는 우리가 나이가 들고 어른이 되었다 해서 저절로 사라지지는 않는다. 그것은 우리 안에서 내내 함께 살아간다. 그래서 부모와 거리를 두면서 이러한 필요를 인식하고 그것에 대해 명료하게 인식하는 것이 중요하다. 이를 통해 우리는 우리가 부모에게 비현실적인 것을 얻기를 기대함으로써 반복적으로 실망하는 것에서 벗어날 수 있다. 그러나 이러한 갈망은 때로는 전혀 다른 돌파구를 찾기도 한다. 예를 들면 어떤 남자가 잃어버린, 아니면 받아본 적 없는 모성애를 원해서 어떤 여인과 결혼하는 것을 들 수 있다. 그러나 이는 평생 지속될 동반자적 관계를 고려할 때 결코 좋은 동기라 할 수 없고, 언젠가는 다시금 또 다른 큰 실망으로 이끌어간다.

|

내 안의 갈망을 인식하지 못하면,
우리는 갈망에 휩쓸리게 된다.
그때 갈망은 우리가 원하지 않는 어딘가로
우리를 끌고 갈 것이다.

조화롭고 나에게 어울리는 삶

실망은 점점 더 성숙해가는
자기반성과 자기인식을 위한 완벽한 연습이다.

다양한 형태의 실망들을 잘 인식하고 그것의 내적 역동성을 이해하는 것은 우리 자신을 위해 매우 도움이 된다. 우리가 다른 사람을 실망시킬 때 우리는 내적 역동성에 휘말리게 되기 때문이다. 이것은 지금까지 우리가 살펴본 중요한 측면이다.

여기에서 더 나아가 다른 것이 또 있다. 우리가 경험하는 실망의 역사와 대결하는 것은 지금까지 본 것처럼, 전적으로 혼자의 힘으로 내면을 성찰하도록 이끈다. 그리고 내적으로 자유롭고 자신이 결정권을 가지고 있는 고유한 인생은 자기 성찰과 자기인식 없이는 불가능하다. 스스로 결정하는 삶을 살고자 한다는 것은 본질적으로 우리가 세상에 대해 가지고 있는 근원적 관점들과 감수성, 느낌, 사유, 감각 등을 진지하게 받아들이면서 일상 안에서 자신의 목소리를 발견하는 것을 의미한다.(독일어의 '결정하다(bestimmen)'라는 동사 안에 'Stimme(목소리, 의견)'라는 어근이 들어 있다.-역주) 우리가 부모를 실망시킬 때도 마찬가지로 이러한 일이 일어나는 셈이다. 자기 결정적 인간으로서 부모와 적절한 관계를 찾기 위해서 우리는 경계선을 그어야 할 수도 있다.

그러나 스스로 결정하는 삶이란 자기 자신에게만 몰두하거나, 이기적으로 자신의 의지만을 관철하려 들거나, 다른 사람이 원하는 것을 해줄 준비는 전혀 하지 않은 채 자기만을 생각하는 것을 의미하는 것이 아니다. 이는 자신에 대해 반성하지 않고 진지하게 받아들이지 않으며, 오로지 자기 자신만 염려하는 태도를 말하는 것도 아니다. 모순적으로 들릴 수도 있겠으나, 자신의 필요와 갈망에 대해서 예민하게 깨어 있는 감각은 필요와 갈망을 모두 얻도록 이끄는 것이 아니다. 이러한 인식의 경험은 오히려 인생에서 우리에게 무엇보다 필요의 충족이나 우리가 "사용하고자" 하는 모든 것을 놓아버릴 수 있는 마음을 가질 수 있게 한다.

타인과 현실을 잘 감지하면서 자신에 대해, 또 우리의 결핍과 갈망에 대해 깨닫게 되면 우리는 그것들로부터 자유로워질 수 있다. 그러면 우리는 또 다른 조화를 창조하는 체계 속에서 살아갈 수 있다. 그 체계 안에서는 자신에 대해서만 몰입하지 않는다. 다른 사람과 그들의 필요도 관심을 가지고 돌볼 수 있다. 이처럼 나 자신과 나의 내면세계를 진지하게 받아들이면, 그것을 상대화할 수 있다. 은폐되어 있던 자신의 내면세계가 환히 드러남으로써 결핍과 갈망이 내 삶을 뒤흔드는 중심점으로 작용하지 않기 때문이다. 그래서 자신이 결정하는 삶, 자유로운 삶이라는 것은, 모호하며 헛된 욕망을 추구하고 모든 것이 자기중심적으로 돌아가게 하고자 하는 삶과는 전혀 다르다.

'부모가 원하는 삶'을 살아간다고 할 때 두 가지의 경우가 있다. 하나는 부모가 실망하는 것을 원하지 않아서 진지한 질문을 던지지도 않고 부모의 기대에 부합하는 삶의 경우다.(반대로 부모가 실망하도록 무엇이든 부모가 바라는 것과 반대로 하는 삶도 있다.) 이와는 다르게 이것이 올바른 삶이라는 자기 자신의 확신에 따라 살아가는 삶도 있다. 이 둘 사이에는 매우 큰 차이가 있다.

다른 사람이 원하는 어떤 일을 할 때도 마찬가지다. 상대가 원한다는 이유만으로 이와 다른 것이 가능한 것은 없는지, 또는 이것이 내가 정말 원하는 것인지 스스로에게 묻지도 않는 경우와 이것이 올바르다고 스스로 생각하는 것은 근본적으로 다르다. 전자는 다른 사람이 그렇게 기대한다는 이유만으로 그 사람이 원하는 일을 하는 것이다. 반면 후자는 그것이 올바르다 생각하고 내게 정말로 조화롭고 어울리기에 그것을 하는 것이다. 그러면서 또한 다른 사람의 기대와도 부합하는 것이 가능할 수도 있다.

조화롭고 나에게 어울리는 삶에 대하여, 즉 나에게 맞는 삶을 이야기할 때, 우리는 두 가지 일을 서로 관련시키게 된다. 바로 우리가 삶을 이끌어가는 방식, 우리가 말하고 행동하는 것을 포괄하는 외적인 삶과 내면의 삶이다. 내면의 삶은 우리의 갈망과 필요, 희망과 염려, 깊이 거부하는 대상, 그리고 세계관적, 도덕적, 종교적 확신과 투신할 준비가 되어 있는 가치 등을 말한다. 내면의 삶은 나의 외면의 삶에 부합해야 하고, 그래야만 나는 전체적으로 조화롭게 존재할 수 있다.

이렇게 설명하면 내면의 삶이 마치 외면의 삶과 마찬가지로 분명하고 뚜렷하게 눈에 보인다는 것을 가정하는 것처럼 보일지도 모른다. 물론 그렇지는 않다.

내면의 삶은 우리에게 매우 가까이 있음에도, 어쩌면 너무나 가까이 있어서 자주 모호하고 불투명하다. 우리의 충동과 동기는 때때로 확실하지 않다. 기분은 우리의 내적 체험에 영향을 준다. 그리고 부모와 부모의 교육과 우리가 지금까지 겪은 사건과 경험이 우리의 내면을 어떻게 규정하는지는 사실

완전하게 밝혀질 수 있는 성격의 것이 아니다.

　우리의 삶이 전체적으로 조화롭게 되는 것은 내면세계를 좀 더 정확하게 감지하고, 우리가 누구이고 내면 깊은 곳에 있는 무엇이 우리를 움직이는지를 점점 더 알아가는 것에 달려 있기 때문에, 당연히도 그리로 가는 길들을 발견하는 것은 매우 중요하다. 매우 도움이 되는 길 하나는 이미 실망 ㅣ 환상에서 벗어나는 것 ㅣ 에 대해 설명하면서 제시했다고 생각한다. 앞에서 실망은 자기 성찰과 자기인식을 위한 완벽한 연습장을 제공한다고 언급했다. 그렇다면 우리는 여기서 어디로 더 나아가야 할까?

|

타인과 현실을 잘 감지하면서 자신에 대해,
또 우리의 결핍과 갈망에 대해 깨닫게 되면
우리는 그것들로부터 자유로워질 수 있다.
그러면 우리는 또 다른 조화를 창조하는 체계 속에서
살아갈 수 있다.

실망은 진정한 나를 알게 하는
리트머스 시험지

실망은 우리의 기대와 희망을 말해준다.
기대와 희망은 우리가 어떻게 살고 싶은지에 대해 말하는 것이다.
즉, 우리 마음에 무엇이 깊이 자리하고 있으며,
우리는 진정 누구인가 하는 것이다.

실망과 여기에서 비롯하는 부정적 경험은 자기 성찰과 자기인식으로 가는 길의 적절한 출발점이다. 실망할 때 처음에는 스스로 변화시킬 수 있는 것이 아무것도 없다. 실망이 우리를 덮치는 것이다. 실망 때문에 부정적 느낌에 휩싸이는 것을 바꿀 수 없다. 설득해서 제거해버리거나 통제할 수도 없다. 그나마 우리가 할 수 있는 것은, 나 자신을 추슬러서 이런 느낌이 밖으로 드러나지 않도록 하거나, 그것을 무시하려 애쓰는 정도다. 그러나 우리는 결코 우리 힘으로 어떤 특정한 기분을 느끼거나, 느끼지 않을 수는 없다. 대개 어느 정도 시간이 흐르고 나서야 생각을 통해서 이러한 기분을 상대화하고, 그 열기와 위력을 얼마간 누그러뜨릴 수는 있다. 그러나 생각을 통해서 부정적 기분을 아예 피해갈 수 없다. 사유는 숭고하고 고상할지 모르지만, 사실 강한 감정에 대해서는 너무 쓸모없고 무딘 무기다.

실망에는 언제나 두 가지 부분이 존재한다. 한 부분은 내가 간절하게 기대하고 희망을 거는 나 자신이 있다. 다른 부분은 내가 기대하고 바랐던 것과는 전혀 다른 사람들과 현실이라는 실재가 있다. 실망에 수반되는 부정적 느낌은 이러한 두 가지 부분에서 온 기분이 혼재되고 합쳐진 것이다.

우선은 나 자신과 관련한다. 나는 나 자신에게 실망한다. 이때 드는 기분은 흡사 병이나 수치심과 같다. 이러한 기분은 다양한 양상으로 작용한다. 앞서 이야기한 휴가지에서 가져온 와인의 예처럼, 이러한 기분이 사소하거나 전혀 문제가 되지 않는 경우가 있다. 그러나 한 사람에 대한 전적인 신뢰가 결국 실망으로 끝나버린 이야기에서처럼 우리의 갈망과 마음속 깊은 곳에서 우러나는 필요와 직접적으로 맞닿은 실망이라면 자신에 대한 부정적 기분은 매우 심각하며, 심지어 지배적 감정으로 전면에 돌출하게 된다.

실망에 있어 나에게 다가오는 두 번째 부정적 느낌은 내가 아니라, 나를 실망시키는 대상과 관련한다. 이러한 경우의 부정적 기분은 실망의 이유에 따라 달라진다. 먼저, 단순히 짜증이나 화로 표현되는 실망일 수 있다. 동료가 세미나 자료를 제시간에 준비하지 못하고 또 엉망으로 해놨을 때 받게 되는 실망을 예로 들 수 있다.

또 다른 것은 낙담이다. 내 경우에는 유엔 안전보장이사회가 확고한 결의안에 합의하는 것에 또다시 실패하고 국제사회가 분쟁지역에 대해 적절한 조치를 할 수 있는 공동합의에 이를 것이라는 희망이 이루어지지 못했다는 소식을 들었을 때 낙담했다. 여기에는 분노가 개입될 수 있다. 가장 소중한 친구에게 믿고 털어놓은 이야기를 뒤에서 떠벌리고 다닌다면, 나는 그 친구를 더는 믿을 수 없을 것이고, 더 나아가 어떻게 하면 그에게 대가를 치르게 할 수 있을지 궁리하게 될지도 모른다.

안전보장이사회가 중요한 현안에 대해서 합의에 이르지 못할 때 느끼는 낙담이나, 뒷말하는 친구에 대한 분노와 같은 것을 이해 못 할 바는 아니다. 어떤 일에서 화나 짜증, 낙담, 분노를 동반하는 실망이 결코 비이성적이거나 틀린 것은 아니다. 당연히 그럴 수 있다. 다만 여기서 생각할 것이 있다. 만일 우리가 세미나 준비 작업의 분위기나 결과에 대해 별 관심이 없다면 실망하지 않았을 것이다. 세계평화에 대해서 별 관심이 없다면, 또 그 친구와의 우정이 별로 중요하지 않았다면 우리는 실망할 이유가 없었을 것이다.

실망은 이처럼 진짜 내 마음을 차지하고 있는 것이 무엇인지를 우리에게 보여준다. 실망은 우리의 기대와 희망에 대해 말해준다. 또한 기대와 희망은 우리가 어떻게 살고 싶고, 어떤 사람이 되고 싶으며, 우리가 그 안에서 이상적이라고 생각하는 세상은 어떤 모습이어야 하는지를 말해준다. 나에겐 사람들이 평화로운 세상에서 사는 것이 중요하다. 그러기에 평화에 이바지할 수 있는 결의안이 한 나라의 거부권 때문에 좌초된다면, 이는 내가 실망할 충분할 이유가 된다. 깊은 우정을 나누며 함께 살아가는 것이 참으로 중요하기 때문에, 그 우정이 하찮게 취급되고 위태로워질 때 실망하는 것은 지극히 당연하다.

실망에 작용하는 것은 모든 부정적 느낌에도 마찬가지다. 낙담, 화와 짜증, 분노 등은 애초에 무엇인가 나에게 중요한 것이 상처받거나 상처받도록 위협받을 때 발생한다. 상사가 나의 보고서를 제대로 검토해주지 않았다고 사무실에서 화를 낸다면, 그러한 화의 이면에는 그가 나를 제대로 보고 인정해주기를 바라는 마음이 숨겨져 있을 수 있다. 특정한 정치적 결정이나 특정 정치가에 대한 분노의 뒤에는 대안적 또는 좀 더 나은 공동의 삶에 대한 희망이 자리하고 있을 수도 있다. 아니면 실제 내가 가지고 있는 것보다 더 큰 권력이나 정치적 영향력을 발휘하고 싶은 바람이 숨겨져 있을 수도 있다.

실망에 있어 정말 문제가 되는 것은 무엇이고, 실망했을 때

진짜 공격당하고 상처받는다고 느끼는 것이 무엇인지가 분명해지면, 매우 많은 것이 밝혀진다. 당연히 사유를 통해 자신이 어떤 가치를 중요하게 여기고 있는지를 알 수 있겠지만, 사실 느낌이 더 잘 인식한다. 느낌 안에서 오히려 덜 속는 법이다. 중요한 가치들을 그저 숙고하고만 있을 때 오류들이 슬며시 파고든다. 어떤 특정한 사항들은 중요하고 그 밖의 것은 중요하지 않은 것을 찾아내야 한다는 일종의 압박이 있다. 이 압박은 내가 받은 교육이나 내가 속한 직업 세계, 가족, 혹은 내가 속하고 싶은 조직에서 통용되는 관습과 규칙에 따라 중요하게 또는 중요하지 않게 여겨지는 것들이다.

　여기서 실망은 우리에게 일종의 리트머스 시험지가 되는데, 실망을 통해 우리의 심장이 진실로 어디에서 뛰는지, 우리가 정말로 어떤 가치를 품고 있는지 알 수 있다. 예를 들면 나는 자기 결정적이고 다른 사람의 의견에서 독립된 사람이라고 평소에 생각하겠지만, 만일 친구가 내가 세운 미래의 계획에 대해 비판적으로 말하거나 부모가 내가 거둔 직업적 성공에 대해 별다른 감명을 받지 않은 듯할 때, 순간적으로 실망할 수 있다. 이것은 그들의 인정을 내가 생각하고 있던 것보다 더 중요하게 여기고 있다는 것을 보여준다.

나는 내가 딸이 자신의 독립된 삶을 살도록 놓아주는 게 중요하다고 여기는 사람이라고 생각할 수 있다. 동시에 딸이 내가 제시하는 좋은 권고들을 마음에 담지 않을 때마다 크게 실망할 수 있다. 그렇다면 사실 나는 딸이 자신의 고유한 삶을 위해 독립적이어야 한다는 가치를 이론적으로만 수긍하고 있었지 진심으로 중요하게 여긴 것이 아니거나, 아니면 최소한 그러한 가치를 실현하기 위해서 아직도 많은 훈련이 필요하다는 것을 인정해야 한다.

실망하면서 생겨나는 감정을 통해서 우리는 이런저런 생각이나 상상을 넘어서 훨씬 더 풍부하고 확실하게 나에게 정말 무엇이 마음에 담겨 있고, 중요한지 알 수 있다. 실망은 우리를 우리 존재의 근간으로 돌아가게 한다. 실망은 우리에게 우리가 진정 누구인지를 보여준다. 조화롭고 고유한 삶으로 향하는 길을 가는 데 있어 실망은 우리에게 매우 큰 도움이 된다. 내가 나를 착각하고 있으면서 고유하고 진정성 있고 자기 자신에게 진실한 삶을 살 수는 없기 때문이다.

지금까지 살펴보았듯 고유한 삶이란 우리의 외적 삶이 점점 더 강하게 내적인 삶과 조화롭고 어울리며, 점점 더 깊이 있게 내적 삶을 표현하는 것이다.

|

실망을 통해 우리의 심장이 진실로 어디에서 뛰는지,
우리가 정말로 어떤 가치를 품고 있는지 알 수 있다.

씩씩하게 상처받을 수 있는 힘

자기 안의 내밀한 실재와 화해하면 다른 사람과도 화해할 수 있다.
최상의 경우라면
여기에서 진실한 화해에 기초한 새로운 관계가 싹튼다.
나는 더 이상 어떤 상황이나 사람으로 인해
내 인생 안에 나도 미처 깨닫지 못한
부정적 기분이 생겨날 수 있다는 이유만으로
두려워하지는 않을 것이기 때문이다.

우리가 줄곧 겪게 되
는 실망에서 일종의 학습 효과를 깨닫게 된다면, 실망은 아마
도 우리에게 어떤 유익한 빛을 보게 해줄 것이다. 당연히 앞
으로 다가올 실망을 바라고 기뻐하는 사람은 없을 것이다. 그
렇지만 우리가 할 수 있는 것이 하나 있는데, 그건 실망에 대
해서 건설적으로 대할 수 있는 새로운 내적 태도를 수련하는
것이다.

실망에 대처하는 우리의 태도는 모든 부정적 감정, 상처, 두
려움, 공격성에 대해서도 마찬가지로 통한다. 그것들을 지각
할 준비가 되어 있는 것이고, 그렇게 잘 준비된 상태가 항상

유지되는 것이다. 이런 것들을 자기 내면에서 만나게 되는 것을 원하지 않는 것은 충분히 이해할 만한 경향성이다. 그러나 중요한 것은 이러한 경향성을 거스를 수 있다는 것이다. 오히려 그런 것들을 나의 실재를 이루는 부분으로 받아들일 수 있도록 연습하고, 그래서 상처를 받아들일 수 있는 사람이 되는 것이 중요하다.

그러나 이를 위해 우리는 먼저 심리적 저항능력에 대해 널리 퍼져 있는 통념과 거리를 두어야 한다. 저항이 자신이나 다른 사람에 대해 더 강해져서, 육중한 철갑을 두르고, 밖에서 내 안으로 들어오려고 하는 것들에 대해 접촉 자체를 거부하는 것은 아니다. 그것은 마음을 닫아거는 것일 뿐이다. 이런 방향으로 가는 것이 처음에는 별 탈이 없어 보인다. 편안하지 않은 사람들과 만나려 하지 않고 갈등을 회피하게 된다. 배우자에게도 그럴 수 있다. 지속적으로 말을 돌리거나 심각해지지 않게 주제를 흩트린다. 이렇게 계속해서 흘러가지 않으면 실제로 긴장을 완화하거나 기분을 전환할 수 없기 때문이다.

하지만 우리 안의 많은 것을 알게 되는 갈등이 있는 인생의 시기에, 비록 그것이 고되다 할지라도 내가 피하면서 인식하고 싶어 하지 않는 것이 무엇인지를 진지하게 묻는 것은 큰 의미가 있다.

우리에게 상처 줄 수 있는 모든 것에 대해서 내면의 방어막을 치는 인생관은 처음에는 매우 매력적으로 다가오지만, 이러한 태도에는 결정적인 단점이 있다. 우리의 감정적 삶에 접근하는 통로를 잃어버리게 하기 때문이다. 게다가 내면의 벽을 친다고 해서 외부의 영향이나 내면의 삶에 미치는 작용에 대하여 자신을 지킬 수 없다. 방어적 태도는 내면의 삶을 체계적으로 감지하는 것을 회피하는 기술을 익혀나가게 할 뿐이다. 이로써 우리는 우리에 대해 점점 더 알 수 없게 된다. 움츠러들고 감정 세계와의 연결을 상실한다.

여기에 문제가 있다. 자신에 대해 귀를 막고 있는 것은 단지 부정적인 감정에만 관련되지 않는다. 내면의 벽은 우리가 많은 긍정적 감정을 인지하는 것까지 불가능하게 한다. 그리

고 이것은 우리의 삶을 이끄는 가장 강력한 원천을 차단한다
는 것을 의미한다. 어쩌면 그런 가운데서도 여흥을 즐길 수도
있겠지만, 다른 사람을 향한 더 깊은 감정과 이를 통해 친밀
한 결속을 맺는 기회가 단절된다.

친밀한 결속을 맺는다는 것은 사랑, 공감, 염려, 참여 등을
발전시키는 것이다. 이는 다른 사람이 나의 어두운 측면까지
다가오도록 허락하고 마음을 여는 것을 포함한다.

주변에서 자신에 대하여, 내면의 삶에 대하여 직접적인 연
결점이 상실되어 있는 사람을 쉽게 볼 수 있다. 이러한 사람
들도 본인의 직업에서나 공적인 삶에 있어서 탁월한 능력을
발휘할 수는 있다. 그러나 종국에는 자녀들과 관계에서 문제
가 생길 수 있다. 그들의 자녀들에게 아버지에 대해서(사실 이
렇게 사는 사람들은 대부분은 남자들이다.) 어떻게 느끼는지 물으면,
안 좋은 이야기를 들을 때가 드물지 않다. 그들은 아버지의
내적 공허와 냉정함, 관계의 무능함, 감정적 혼란 등에 대해
털어놓곤 한다.

여기에서 말하는 차단은 자신에게 철벽을 두르는 것과 상관이 없다. 부정적 감정을 아예 느끼지 않도록 연습하는 것을 의미하지 않는다. 오히려 반대로 이러한 부정적 감정들이 내게 다가오도록 놓아두고 지각하는 것을 연습하는 것이다.

여기서 지각이란 완전히 즉각적이고, 심지어 넘쳐나는 감정이 신체적으로 우리를 압도하는 것을 의미하지 않는다. 나쁜 감정을 지각한다는 것은 이것으로부터 일정한 거리를 두는 것에 성공하는 것을 의미한다. 그렇게 하면 최소한 잠시라도 나쁜 감정이 우리에게 어떤 해도 끼치지 않는 것처럼 느낄 수 있기 때문이다. 우리에게 해를 끼치기 위해 나쁜 감정이 다가오는 것이 아닌 것처럼, 혈압 상승이나 아드레날린 분비 같은 육체의 변화에 불과하다고 지각하는 것이다.

모든 감정에 함께 수반되는 육체적 변화는 실제로 감정의 지각에 있어서 큰 도움이 되는데, 우리가 육체에 주목함으로써 이미 감정에 대해 어떤 거리감을 확보하기 때문이다. 감정을 지각할 때 우리는 더 이상 감정과 완전히 동일화하지 않고, 대신에 감정과 거리를 두고 감지하는 어떤 부분이 우리 안에 굳건히 존재하는 것이다.

감정 또는 느낌을 감지하는 나와 그런 느낌 사이에 생겨나는 거리는 그 기분이 내모는 충동에 휘둘리지 않게 한다. 무엇보다도 아주 강한 기분은 가만있는 것이 아니라, 우리가 무엇인가 행하도록 하고 싶어 한다는 것을 우리는 잘 안다. 우리는 기분을 어떤 행위 안에서 표현하기를 원한다. 내가 사랑에 빠졌을 때는 사랑하는 사람 곁에 가까이 가길 원한다. 내가 분노했을 때는 분노를 거침없이 발산하고자 한다. 그러기에 감정의 충동을 실현하고 싶은 것은 매우 당연하지만, 그만큼 우리의 삶에서 파괴적으로 작용할 수 있다.

감정을 지각하는 것은 이러한 충동을 거두어들이는 것을 가능하게 한다. 우리는 새롭게 자유를 얻게 되고 이러한 감정에 대면하여 우리가 누구이고 어떤 존재가 되기를 원하는지, 그리고 우리가 견지하는 가치나 확신에 입각해서 이러한 충동을 따르는 것이 적절한지를 물을 수 있게 된다. 우리는 그 충동을

반드시 따를 필요가 없다. 그러나 만일 원한다면 충동을 따를
능력 역시 우리에게 있게 된다. 모든 갈등 상황에서, 특히 부모
와 충돌할 때 이러한 능력은 매우 중요한 도움이 될 수 있다.
그 결정권이 우리 손에 있게 되기 때문이다.

지각하는 능력으로 부정적인 감정들을 대하는 것을 연습하
는 가운데 나를 강하게 만드는 힘이 자라난다. 나는 불편한 감
정과 함께하는 법을 배우게 된다. 나는 나의 삶에서 어떤 사람
도, 어떤 상황도 내 안에 내가 감당하기 어려운 감정을 일으킨
다는 이유로 두려워할 필요가 없다. 이제 나는 갈등 상황 안에
주체적으로 개입할 수 있을 만큼 자유로운 존재이다. 내 안에
서 생겨나고 움직여가는 감정들과 적절하게 관계를 맺을 수
있기 때문이다.

나는 더 이상 나쁜 느낌들과 싸우는 것에 집착하지 않고,
자신의 내면을 통제하는 고삐를 느슨하게 한다. 그리고 바로
이를 통하여 나는 더 약해지거나 더 상처받는 것이 아니라 오

히려 더 강해지고 더 잘 저항할 수 있게 된다. 상처받을 수 있는 가능성으로 남아 있는 것 또한, 우리 안에서 생겨난 아픔과 상처에 대해 적절히 대처할 수 있는 준비가 되어 있는 것을 전제로 한다. 이러한 내적 준비 상태는 우리가 덜 상처받을 수 있게 해준다. 나의 내면에 대한 개방성이라는 원리에서, 또한 내가 상처받을 수 있다는 원리에서부터 외적 생활에서 만나게 되는 갈등에 대해서 나를 제대로 세울 수 있는 힘도 커져간다. 예를 들면 다른 사람이 나에게 갖는 기대에 대해 선을 그을 때 따라오는 갈등 같은 것이다.

이것은 영국의 시인 데이비드 화이트의 표현을 빌려 "씩씩하게 상처받을 수 있는 능력(robust vulnerability)"을 자신 안에 체화하고 연습해온 사람의 태도라 하겠다. 상처받을 수 있음에서, 곧 상처의 아픔을 받아들일 준비가 되어 있을 때 비로소 저항력이 자라나기 시작하는데, 이런 의미에서 '씩씩하게' 상처받을 수 있음을 말한다. 이는 외부에서 우리에게 작용하고 부정적인 감정을 불러일으키는 어떤 것에 의해 우리가 완전히 망연자실하지 않도록 막아준다. 마치 씩씩하게 건강을 지키는 것과 비슷하다.

사람들을 병들게 하는 외부의 조건들이 많더라도 면역력이 강한 건강한 사람은 쉽게 병에 걸리지 않는다. 이것은 면역력이 강한 사람은 단 한 번도 심각하게 아플 리가 없다는 것을 말하는 것이 아니다. 건강한 사람은 병을 비교적 빨리 극복할 수 있는 수단들을 갖추고 있다는 의미이다. 마찬가지로 씩씩하게 상처받을 수 있는 태도를 자신의 것으로 만든 사람이라 하더라도 어떤 특정한 감정으로 평정심을 잃을 수 있다. 그러나 다른 사람보다 빨리 이를 회복하고 원상태로 돌아올 수 있는 수단을 지니고 있다. 그는 자신이 이에 대처하는 방법을 알고 있기 때문이다.

그렇다고 씩씩하게 상처받을 수 있는 태도가 다른 사람이 만든 사태들을 모두 감수할 수 있게 하지는 않는다. 오히려 그 반대. 살아가면서 자기 자신을 보호하기 위해, 강하게 나가거나 선을 긋는 것은 당연히 전적으로 정당하고 합당하다.

자기 자신을, 그리고 나에게 중요한 것을 때로는 일체의 타협 없이 지켜낼 줄 알아야 한다. 그러나 이처럼 확실한 경계를 긋는 외적인 준비가 내면적으로 선을 긋는 것은 아니다.

뮌헨의 '철학과 리더십 연구소'에서 주최한 경영자를 위한 세미나에 참석한 한 참가자는 이러한 태도를 다음과 같이 예리하게 표현했다. 회사에서 일어나는 모든 일을 내적으로 받아들이는 것이 중요하다는 것이다. 당연히 한 회사에는 경영 책임을 맡은 사람으로서 받아들이기 힘든 많은 일이 일어날 것이다. 아직 충분히 무르익어 보이지 않는 기획안을 반려하거나, 강경한 모습을 보이며 조직을 장악하는 것도 그의 과제에 속한다. 그러나 그 참석자가 말했듯이, 이러한 외적인 강함이 결코 내면의 경직성이나 거부감에 해당하지 않는다. 경영자가 외적으로 경계를 확실하게 하고, 필요한 경우 강경함을 보여주는 힘은 자신이 내적으로 불만족스럽고 그 긴장감을 견디지 못하기 때문에 다른 사람을 힘으로 억누르려 하는 데

서 오는 것이어서는 안 된다. 단호함과 강함은 오로지 그것이
회사의 성공에 유익하다는 명료한 확신이 있기 때문이다.

초교파적인 그리스도교의 형제애를 추구하는 부르고뉴에
있는 테제 공동체의 창시자인 로제 슈츠 수사는 같은 태도에
대해 좀 다른 강조점을 가지고 다음과 같이 표현했다.

"화해한 마음으로 싸운다."

정말 그렇다. 인생에 있어 싸울 줄 아는 것은 중요하다. 달
리 말하자면, 갈등에 뛰어드는 것이다. 그러나 압박과 화와 분
노, 또는 내 안의 폭력성을 주체하지 못해서, 갈등을 통해 이
러한 부정적 에너지를 표출하고 후련해지고 싶어서 갈등 상
황에 발을 들이는 것이 아니다. 갈등에 뛰어드는 것은 사실에
근거해볼 때 이러한 갈등을 감수하는 것이 옳다는 확신이 있
기 때문이다. 그것이 나에게 중요한 무엇인가에 관한 것이기
때문이다. 그리고 그 갈등을 화해한 마음으로 견지해간다.

그렇다고 해서 어린 시절부터 다른 사람들과의 관계 안에
서 내가 겪은 모든 상처가 다 치유되었고, 상처에서 오는 아

픔들을 전혀 느끼지 않을 때만 싸울 수 있다는 뜻은 아니다. 화해한 마음으로 싸운다는 것은 자기 자신과 화해한 사람이 되라는 것이다. 나는 아마도 지금처럼 앞으로도 내가 전에 상처받았다는 것을 잊지 못할 수 있을 것이고, 다가오는 새로운 갈등을 통해 다시금 상처받을 수 있는 위험이 있다는 것을 느낄 수도 있을 것이다. 내면의 실재를 전체적으로 수용하는 것은 다음의 사실을 아는 것과 관련한다. 살면서 상처를 입는 과정을 통해 어느새 나에게 통찰력이 더 자라고 신중함도 생겨서 상처에 집착하는 것이 아니라, 용기 있으면서도 자기 자신과 화해를 이루면서 싸움에 나설 수 있다는 사실이다.

화해한 마음으로 싸우는 것의 또 하나의 심오한 의미를 생각할 수 있다. 다른 사람들이 나에게 입힌 상처들을 나의 내적 실재의 일부로 받아들일 준비가 되어 있고 그럴 능력이 있을 때, 나는 다른 사람을 피해갈 필요가 없다.

일어난 일에 대한 분노나 두려움 때문에 나에게 상처를 준 사람에게 내가 다시 상처받는 일은 더 이상 없다. 그래서 나는 그 사람을 무조건 거절하거나 나의 삶에서 몰아낼 필요가 없다. 물론 그 사람과 절대 연관되기를 원치 않는 다른 충분한 이유가 있을 수도 있다. 어쩌면 나는 그가 나에게 해를 끼치고 싶어 한다고 합리적으로 판단할 수도 있다. 그러나 내가 관계를 끊어버리는 이유가 그 사람이 내 앞에 있는 것을 견딜 수 없거나 혹은 새로운 상처를 입을까 하는 맹목적인 걱정에서 오는 것은 아니다. 자신의 내면적 실재와 화해는 다른 사람과 화해할 준비를 하도록 이끌어준다. 최선의 경우에는 갱신되고 화해가 이루어진 관계로 이끌어주는 것이다.

부모와의 관계에 있어서 이런 태도는 매우 중요한 역할을 한다. 다음 장에서 살펴보게 되겠지만, 부모를 실망시키는 기술은 갈등을 통해서 우리가 부모와 맺는 관계에 새로운 기회를 부여하는 데 있기 때문이다. 그리고 이는 화해한 마음이 아니면 불가능하다.

갈등을 통해서 부모와 맺는 관계에
새로운 기회를 부여하는 것이
부모를 실망시키는 '기술'이다.

이제 부모와의 관계이다

부모를 실망시키는 기술은
자기 자신과 자신의 내적 역동성을 잘 다루고
그리하여 화해한 마음으로 싸우는 데 있다.

친애하는 독자 여러분!

아마도 여러분은 이제 인내심이 다해서, 도대체 언제 이 책의 본 주제인 '부모를 실망시키는 기술'을 다룰 것인지 묻고 있을 것이다. 왜냐하면 지금까지 우리에게 가해지는 실망에 대한 내적 역동성만 이야기했지, 우리 자신이 다른 사람에게 안겨주는 실망에 대해서는 다루지 않았기 때문이다.

그러나 지금까지 우리가 걸어온 길은 사실은 우회로가 아니었고, 이 주제의 중심으로 이끌어주는 길이었다. 다른 사람들 또는 부모를 실망시키는 기술은 우리가 지금까지 보아온 것처럼 자기 자신과 잘 지내고 화해한 마음으로 투쟁하는 데 있기 때문이다. 만일 우리가 그렇게 할 수 있다면, 다른 무엇도 우리가 올바르다고 생각하고 나에게 어울린다고 여기는 것을 행하는 것을 막지 못한다. 실망이 일으키는 갈등에서 오는 역동이 우리를 휩쓸어가지 못하기 때문이다. 그러나 이러한 갈등이 가진 역동이 우리가 마주하는 실망에서 좀 더 분명하게 드러나야 한다. 결국 우리는 이런 실망을 직접적으로 만나게 될 것이고, 적절하게 대처할 수 있어야 하기 때문이다. 우리가 누군가를 실망시키고, 그러면서도 그것을 전혀 의식하지 못하는 경우가 얼마나 자주 일어나는가.

여기에 또 다른 것이 더해진다. 부모가 우리에게 실망할 때, 부모의 실망은 때때로 우리가 자신에 대해 실망하는 것과 겹쳐진다. 일생에 걸쳐 유대를 이루는 결혼 생활을 이루어가기를 꿈꿨건만 결국 결별하게 되고, 그래서 이러한 꿈이 좌초되었다는 것을 마침내 인정해야 할 때, 자신에 대한 실망이라는 감정이 여기에 결부되는 것은 자연스러운 일이다. 결국은 스스로 기획한 삶을 살아가는 데 성공하지 못한 것이다. 그 결과가 오로지 내 잘못만은 아니라더라도 말이다.

나 자신과 내 인생에 대한 실망을 받아들이는 능력이 강하면 강할수록, 부모가 이에 대해 실망하는 것을 마음으로 받아들일 수 있다. 나의 결혼 생활이 파경에 이른 것에 부모가 실망할 때, 이제 나는 그것을 나에 대한 개인적인 공격과 비난으로 받아들이지 않는다. 최선의 경우에는 나는 그러한 실망을 오히려 나에 대한 공감으로 느낄 수 있을 것이다.

우리가 누군가를 실망시킬 때, 우리는 많은 경우에 그가 우리가 안겨준 실망을 잘 받아들이고, 더 나아가서 그 일을 잘 이해해주기를 희망한다. 그러나 유감스럽게도 세상일은 늘 바라는 대로 되는 것은 아니며, 그런 경우 우리는 우리가 희망한 것과 전혀 다른 반응 때문에 또다시 실망하게 된다. 이것이 부모와 관련되면 특별히 뼈저리게 다가올 수밖에 없다.

부모가 우리를 이해해주지 않는 것은, 우리에게 엄청난 실망이자 상처다. 여기에 더해서 중요한 사실이 있다. 어떤 갈등 상황에서 우리는 실망을 주는 편이나 실망을 하는 편 가운

데 어느 한쪽의 입장에만 서게 되는 경우는 오히려 드물다는
것이다. 대개는 그 양편에 다 걸쳐 있기 마련이고, 그 두 가지
측면은 사실 깊숙이 연결되어 있어 딱 잘라 분리하기 쉽지 않
다. 그래서 누군가를 실망시키는 기술은 실망과 잘 지내는 기
술과 구분되는 것이 아니다. 두 경우에 있어 모두 열쇠가 되
는 것은 화해한 마음으로 갈등을 마주하는 것이라 하겠다.

|

부모가 우리에게 실망할 때,
부모의 실망은 때때로
우리가 자신에 대해 실망하는 것과 겹쳐진다.
나 자신과 내 인생에 대한 실망을
받아들이는 능력이 강하면 강할수록,
부모가 이에 대해 실망하는 것을
마음으로 받아들일 수 있다.

사과는 나무에서 먼 곳에 떨어지지 않는다

그 누구도 다른 이의 행복을 책임질 수는 없다.
아무리 자녀라 하더라도
부모의 행복에 대한 책임을 질 수는 없다.

그렇게 될 줄 알면서도 우리가 부모를 실망시킬 때는, 우리와 우리의 삶에 대해 가지는 부모의 기대와 권리 주장에 저항할 때이다. 이 경우 부모의 동기는 매우 다양할 수 있는데, 정작 부모가 자신들의 동기를 늘 분명하게 의식하고 있는 것은 아니다. 자녀에 대한 기대와 주장은 사실 부모의 요구와 갈망, 필요와 두려움에 뿌리내리고 있기 때문이다. 어떤 기대는 자녀를 향한 순수하고 선한 의도일 수 있다. 그런데 어떤 것은 가만히 살펴보면 오히려 부모 자신의 행복에 기여하는 것에 불과할 따름이다.

부모는 우리가 삶을 어떤 방식으로 사는지, 어디에 돈을 쓰는지, 또는 어떻게 인간관계를 이끌어가는지에 대해 특정한 기대를 한다. 부모의 기대는 우리의 성적 지향이나 정치적 견해에 대한 것일 수도 있다. 번듯한 가정을 이루는 것과 관련해 그들이 우리에게 전해주고 싶은 가치나 자녀의 교육 등에 대한 기대도 있다. 부모는 자녀가 친척이나 친구에게 자랑스럽게 이야기할 수 있을 만한 모습이기를 바랄 것이다. 우리의 신체적 정신적 건강에서부터 체형이나 옷차림에 대한 기대도 있다. 사회적 능력과 유능함이나 직장에서의 승진, 공적인 성공, 사회적 위치 등도 부모에 뒤처지지 않거나, 아니면 능가하기를 바라는 기대도 있다. 여기에 우리가 부모보다 더 잘나가는 삶을 살아가기를, 우리가 지닌 기회들을 부모의 뜻대로 잘 활용하기를 바라는 기대도 있다.

혹은 정반대도 생각해볼 수 있다. 딸들이 사회적인 경력을 일구는 대신 자녀들과 함께하기를 바라는 경우도 있을 수 있고, 자녀들이 자신들보다 훨씬 더 높은 학력을 쌓아서 교육이라는 점에서 자신들을 훨씬 더 능가하는 것을 원치 않을 수도 있다. 또한 자녀들에 대한 기대를 가지면서도 부모들은 자녀들이 정작 부모의 삶의 방식이나 결정에 대해서는 일체의 의문이나 이의를 갖지 않기를 바라기도 한다.

그러니 우리가 부모를 실망시킬 수 있는 사항에서 예외가 되는 것은 하나도 없다. 이미 우리가 부모와 다른 세대에 속하고, 다른 문화 속에서 성장했으며, 전혀 다른 사회적 영향력 아래 있고, 이에 걸맞은 다른 가치와 다른 확신을 표명한다는 사실 자체가 부모에게 실망을 안겨줄 수 있다. 여전히 전쟁이 머릿속에 남아 있고, 전후의 어려운 상황을 경험한 "베이비 붐" 세대와 디지털 문화가 이미 고향처럼 느껴지는 세대들이 삶의 감각에 있어 갖게 되는 차이는 서로 어울리고 소통하는 방식, 그리고 매우 일반적인 차원에서 무엇을 중요하게 여기고 대변하는가에서 드러난다.

부모는 자녀들을 언제나 인생에서 가장 중요한 가치로 삼고 있기에 그만큼 자녀들에게 쉽게 실망한다. 자녀들은 부모의 사랑과 배려, 희망과 염려에 있어서 유일무이한 초점이며,

그로 인해 때때로 감정적으로 어려운 문제를 낳기도 한다. 이런 상황은 세월이 흐르면서 약화되기는 하지만, 자녀들은 늘 부모의 한 부분으로 남게 된다. 자녀들이 부모에게 가지는 유대보다 훨씬 강하게 말이다. 그러니 우리가 부모를 실망시킬 때, 왜 부모가 그토록 큰 타격을 받는지 이해할 만하다.

부모에게 자녀란 자신들이 일생에 걸쳐 이루어낸 것들과 관련한 문제다. 부모에게 자녀들의 인생에 대한 바람과 계획, 생각을 내려놓는 것은 아마도 부모 자신의 인생에 관한 것보다도 더 힘든 과정일 것이다. 그러나 자녀들의 인생 설계에서 부모에게 종속된 부분이 남아 있지 않고, 더 이상 강요하지 않을 수 있다면 그것이야말로 바람직하다. 이로부터 자녀가 내적으로 성숙하는 과정이 생겨나는 최선의 경우에 이르기 때문이다.

부모에게도 마찬가지다. 아버지와 어머니 역할을 넘어서 한 인간으로서 정체성을 조형하고 이를 통해 자녀들과 새롭고 진정한 관계를 정립하게 된다. 그것은 부모가 자녀에게 겪는 실망과 대면하는 길로 가는 것이기도 하다. 최악의 경우는 부모가 이러한 과정을 완전히 거부하며 낡은 유형과 역할에 전력을 다해 집착하는 것이다. 부모는 변함없이 복종을 요구하고, 그들의 권위에 의문을 갖지 못하도록 하며, 자녀들이 부모들을 찾아올 때 마치 자녀가 자신들 나름의 인생이나 가정이 없는 듯한 태도를 보이도록 요구한다.

부모는 자녀들이 어렸을 때의 아버지와 어머니의 역할에 고정되어 있고 여기에서 벗어날 능력이 없다. 집안 모임에서 자녀들은 억지로 참고 예전의 역할을 수행해야 하며, 따라서 진정한 대화는 불가능하다. 혹은 죽어서도 권력을 행사하고자 하는 어떤 부모들도 생각해볼 수 있다. 그들은 괴팍한 장례 절차를 요구하기도 하고, 자녀들 사이에 분란이 나게 하는 유언장을 작성하기도 한다.

때때로 그 반대의 극단적 경우도 있다. 부모가 자녀들의 '최고의 친구'가 되고자 하는 것이다. 다양한 세대와 계층의 사람들을 상담해온 내 경험에서 자신 있게 말할 수 있다. 나는 자신이 자녀들의 좋은 친구라고 자부심에 차서 말하는 부모들을 종종 보았지만, 부모가 좋은 친구 역할을 하는 것을 편안해하는 자녀들은 본 적이 없다. 이러한 역할 부여는 사실 자녀들에게 더 가깝게 다가가고 심지어 자녀를 통제하고 관계의 안정성을 지키기를 원하는 부모의 필요에 기반하기 때문이다. 자녀와 부모 사이의 관계가 좋다고 해도 그것은 결코 좋은 친구 같은 관계는 아니다. 부모의 이러한 관심에 선을 긋고 부모를 실망시키는 것은 어려울 수밖에 없다. 부모는 이를 '그저 좋은' 의도로 행하는 것이기에 부모가 제공하는 우정 어린 관계를 거절할 때, 자녀들은 곧바로 죄책감을 느끼게 되기 때문이다. 자녀들은 이러한 부모의 태도가 부모 자신의 필요에서 온 것이라는 것을 분명히 알아야 한다.

　부모는 종종 인생살이에서 의미가 사라진 것처럼 느낄 수도 있고 어쩌면 다른 사람과 진정한 우정을 맺고 있지 못할 수도 있다. 결혼 생활이 위기에 봉착할 경우, 자녀가 아버지와 어머니의 관계 문제에 끼어들게 된다. 여기서 분명히 해야 할 것은 어떤 사람도 성인이 된 사람의 행복을 책임질 수 없다는 것을 인식하는 것이다. 심지어 자녀조차도 부모의 행복을 책임질 수 없다.

우리가 부모를 실망시키는 데는 두 가지 다른 이유가 있다. 첫째는 우리가 정체성을 확립하기 위해서는 외적인 삶에 있어서 부모에게서 자유로워지고 선을 긋는 것이 필요하기 때문이다. 정체성을 찾는 것은 언제나 경계를 긋는 것과 관련되어 있다. 이러한 점은 무엇보다도 우리가 부모와 겪는 갈등에서 큰 역할을 한다. 특히 사춘기를 지날 때, 성인의 삶을 시작할 때 더욱 그렇다. 경계를 긋는 것을 통해서 사람들은 부모에 대한 관계의 한계에서 벗어나기를 원한다. 나름의 삶을 살기 위해서 부모에 대해 거절하는 태도를 보이는 것이다.

하지만 이렇게 부모와의 관계에서 경계를 긋는 것은 나이가 든 후에도 여전히 중요하다. 자신의 아이가 태어나고, 혹은 여러 해 동안 사회생활을 거친 후에 새로운 단계에 접어들게 되면 우리는 새로운 인생의 시기를 어떻게 만들어갈지 고민하게 된다. 이 지점에서 다시 부모와의 경계선을 명확히 해야하는 경우가 있다. 나에게 어울리는 삶을 이끌어가기 원한다면 부모와의 관계를 변화시켜야 한다는 것을 자각하는 순간들이 있기 때문이다. 나이가 제법 든 사람이 완고하고 지배적인 어머니에 대해 비로소 거리를 두기 시작하거나, 아버지가 도무지 합당하지 않은 충고를 할 때 그것을 생전 처음으로 거절하는 것 같은 일들이다.

자신의 고유한 인격과 삶의 정체성을 위해 외적 경계 긋기가 중요하긴 하지만, 그것을 과대평가할 일은 아니다. 어떤 사람이 언제나 타인과 갈등을 표출하거나, 부모에 대해 생각할 때마다 분노가 동반되는 경우가 있다. 그는 이런 상황에 있는 한 스스로 결정하는 삶을 위한 최선의 길을 찾을 수 없다.

"사과는 나무에서 먼 곳에 떨어지지 않는다."라는 속담이 있다. 자녀들이 스스로 인정하고 싶지 않은 사실이긴 하지만, 그들은 때때로 자신에게서 결코 좋아할 수 없었던 부모의 특징적인 모습을 발견하고 소스라치게 놀라게 된다. 한 번쯤은 부모의 걱정과 약점을 거울로 삼아 자신이 거절하고 심지어 싸우기까지 했던 부모들의 특징들이 자신 안에서도 일어나고 있지는 않은지, 또 그렇다면 어떤 방식으로 작용하고 있는지를 묻는 것이 꼭 필요하다.

　우리가 다른 사람에게서, 무엇보다 먼저 부모에게서 거부하는 것들은 우리가 우리 안에서 도무지 견디지 못하는 것인 경우가 대부분이다. 부모의 소심함이 우리 자신의 소심함이 된다. 비록 우리가 일상에서는 이런 것들을 전력을 다하여 숨기려 한다고 해도 말이다. 부모가 과하게 절약하는 태도를 보였던 반면, 나는 과할 정도로 기부하는 것을 즐기며 살 수도 있는데, 그건 우리가 그러한 인색함을 참기 힘들었기 때문이다. 이러한 베풀기 좋아하는 태도가 자연스럽게 마음에서 우러나온 것이 아니라, 그 근원이 양심의 가책이나 내적인 경직성에 있을 수도 있다. 자신을 한번 살펴보는 연습을 해보라. 아마도 여러분 스스로 깨닫게 되는 것이, 여러분을 놀라게 할 것이다!

사과에 관한 속담에 담긴 지혜는 학문적으로도 확인된다. 예를 들면 전쟁이나, 추방, 폭력, 추행 등에 의해 부모나 조부모가 극심한 트라우마를 겪은 경우, 그다음 세대에도 그 파괴적인 영향을 미칠 수 있다. 이는 우리가 이미 태어날 때부터 (사실은 어머니의 태중에 있을 때 이미) 부모의 정서적인 삶에 내맡겨 있어서, 트라우마의 경험을 포함한 부모의 모든 상흔과 상처와 함께하기 때문이다. 우리가 무엇보다 신생아 때나 유아기에 부모와 맺게 되는 긴밀한 관계 안에서 우리도 마찬가지로 어둡고 상처 입고, 많은 경우 병든 부모의 영혼을 느끼게 되고 그것에 의해 영향받는다. 우리가 이런 어두운 면들과 대결하지 않을 때 우리는 그 상처와 트라우마를 우리의 아이에게 계속해서 전해주게 되며, 우리의 아이들 역시 그들의 아이들에게 전해주게 될 것이다.

사람들은 단지 부모와 경계를 지음으로써, 부모가 원하는 것과 완전히 다른 것들을 하기 원함으로써, 부모와 지속적인 갈등 관계를 유지하거나, 관계를 단절함으로써 이러한 악순환을 끊어버릴 수 있는 것은 아니다. 사람들은 자신 안에서 이러한 치유되지 않은 부정적 힘을 감지하고 인식하고 화해하는 가운데, 우리의 내면적 상처를 받아들이는 것을 배워가면서 비로소 이러한 악순환을 끊어버리게 된다.

때때로 갈등 상황에서 다혈질적으로 행동하거나, 모욕을 감수하면서 물러서는 성격 유형을 보게 되기도 한다. 그러나 자유롭고 스스로 결정하는 삶을 이끄는 것을 방해하는 삶의 기분이나 정서들은 대개는 분명하게 규정하기가 어렵다. 우리가 어디로 향하든 그것에 만족하지 못하게 하는 기분이 있다. 혹은 언제나 모든 것을 올바르게 해야 하고 그로 인해 엄청난 압박을 느끼며 자신에게 무엇인가를 선사하거나 전적으로 좋게 평가해주는 것을 못하는 경우도 있다. 아니면 우울함의 기본 정서가 지배하는 경우도 있다.

우울함은 때때로 우리 자신에 대해 불감증과 자신에 대해 기쁘고 즐거운 삶을 허락하지 못하는 기분과 결합한다. 혹은 매우 깊이 자리한 분노, 근본적 공격성이 있는데, 이는 거의 증오심에 가까워서 자신뿐 아니라 타인을 가혹하게 대하게 한다. 이러한 파괴적 성격 유형과 기본 감정은 한 세대로부터 그다음 세대로 짧은 시간에 형성되고 전해진 것이 아니어서, 그것의 악순환을 끊기 위해서라도 이러한 과제를 스스로 받아 안을 준비가 단단히 되어 있는 누군가가 필요하다.

자신에게 고통을 주는 이러한 파괴적인 정서적 역동을 감지하면서도 자신 안에서, 그 깊은 마음에서부터 그것과 화해하는 것은, 아마도 스스로 이미 부모가 된, 또한 누군가의 자녀인 한 사람이 받아 안을 수 있는 가장 무거운 과제일 것이다. 또한 이것은 이러한 정서적인 역동을 인지하고 깨닫고, 자신 안에 들어오도록 허락하면서 견뎌내는 것, 그리고 균형을 이루며 치유로 이끌어 내적 평안함에 다다르는 과제이다. 여기서도 이러한 화해한 마음으로 이끄는 길은 자기 자신의 내적 실재를 받아들이는 것을 통해서 펼쳐진다는, 우리가 익히 아는 원리가 적용된다.

그러나 우리가 부모를 실망시키기 원하는 두 번째 이유가 여전히 남아 있다. 내가 부모와 진지하며 진정성 있는 고유한 관계를 이루고, 이로써 나 자신과도 그러한 관계에 도달하고자 원하기 때문이다. 이것에 관해 설명하기 위해서, 우리는 먼저 우리가 부모를 실망시킬 때 우리 안에서 무슨 일이 일어나는지 자세히 살펴볼 필요가 있다.

|

자신의 정체성을 찾고 고유한 인생을 사는 것은
언제나 경계를 긋는 것으로부터 시작된다.
가장 가깝게는 부모로부터.

부모와의 이상적 관계를 만들어가는
장인의 기예

자신의 부모와 진정으로 화해한 사람 대부분은
다른 사람들과의 관계에 있어
자유롭고 화해를 이룬 사람으로서 살 수 있다.

우리가 지금까지
살펴보았듯, 부모가 자녀에 대해 갖는 기대는 부모와 자녀
의 관계에서 매우 힘든 갈등의 근원이 될 수 있다. 규칙적으
로 찾아와주기를 바라는 기대, 부모에게 감사를 표시해달라
는 기대, 나이든 부모를 봉양해주기를 바라는 기대, 자녀와 손
자 손녀들의 삶에서 중요한 역할을 하고 싶은 기대 등, 그러
한 기대의 예는 쌓이고 쌓여 있다.

　이러한 기대에 적절히 처신하기가 특히 어려운 것은, 부모
에게 더 잘해야 한다는 도덕적 부담이 함께할 때다. 자녀들
이 부모를 자주 뵈러 간다는 것은 부모의 바람이고, 자녀 편

에서는 부모와 연락을 꾸준히 하고 부모 편에 서고 부모를 돌보아야 한다는 것이 자녀의 의무와 책무라는 확신과 관련되어 있다.

우리가 이렇게 하지 않는다는 것은 도덕적인 태도와 직결되는 것이어서, 우리는 불편해지고 마음에 걸리며 심지어 죄의식까지 느끼게 된다. 사람들은 우리를 비난할 것이다. 여기서 이러한 도덕적 압박은 부모뿐 아니라, 형제자매나 친지와 같이 이러한 행동을 도덕적으로 평가하는 사람들에게서도 온다. 이런 상황은 자주 뼈저리게 다가오는데, 왜냐하면 많은 사람은 교육받고 양육될 때, 부모의 기대와 요구에 부합하는 것이 첫 번째로 몸에 익은 행동의 동기가 되기 때문이다.

그리스도교 신앙을 중요하게 여기는 사람에게는 부모를 실망시키는 것이 더더욱 큰 양심의 가책이 된다. 부모를 공경하는 것은 십계명에도 포함되어 있기 때문이다. 이에 더해서 교회는 드물지 않게 이상적인 가정의 모습을 모델로 제시한다.

교회가 그려내는 조화롭고 목가적인 가정의 계명 앞에서 부모와 경계를 긋고 갈등을 감행하는 것은 잘 어울리지 않는다. 그러나 예수님이 어떻게 말씀하시고 행동하셨는지를 자세히 들여다보면 이러한 갈등을 모르는 가정의 모습이 얼마나 왜곡된 것인지가 드러난다.

"자기 아버지와 어머니, 아내와 자녀, 형제와 자매, 심지어 자기 목숨까지 미워하지 않으면, 내 제자가 될 수 없다."(루카복음 14장 26절)

예수님은 복음서에서 이렇게 말씀하기까지 하셨다. 그리고 예수님이 어린아이였을 때, 또한 젊은이로서 그의 어머니에게, 부모에게 얼마나 단호했는지를 떠올리면, 그분이 결코 경계 짓는 것과 갈등을 두려워하지 않으셨다는 것을 알 수 있다. 물론 예수님께 있어서 선 긋기는 갈등 자체가 목적이 아니다. 한 사람의 정체성은 그가 가정에서 맡은 역할과 동일하지 않다는 것을 발견하기 위한 것이다.

예수님에게 중요한 것은 한 사람의 정체성은 오직 그가 하느님과 맺고 있는 관계에서 발견될 수 있고 사람은 결코 아버지 또는 어머니, 아들 혹은 딸이라는 역할만으로 하느님 앞에 서는 것이 아니라 모두가 동등한 한 사람으로서 모든 장단점을 가지고 하느님을 향한다는 것이다. 그가 하느님과의 관계 안에서 자신의 정체성을 발견하는 것은 결국 가정에서의 역할을 상대화하는 것이고, 가정을 포함하여 자신에게 부여되는 역할을 떠나고자 하는 바람과 갈망을 강하게 한다. 이상적으로 보자면, 이를 통해 사람들은 하느님과 만나며 경험하는 방식으로 다른 사람들을 만나고자 한다. 그러나 도덕적 압박과 종교적 관념들은 과연 내가 어떤 기대들에 부합하기를 원하는가 자유롭게 묻는 것을 어렵게 할 수 있다.

이런 종류의 갈등을 대하는 올바른 자세를 우리는 이미 배웠다. 도덕적 압박, 죄책감이나 수치심에 바로 반응하기보다는 먼저 인지하는 것이 필요하다. 이는 어려운 작업일 수 있지만, 여러 어려움에도 불구하고 내가 어떤 기대들에 정말로 부응하고 싶고, 어떤 것은 그렇지 않은지 제대로 묻고 생각할 수 있는 거리를 확보할 수 있다. 이 기준은 자신이 결정하는 삶, 진정한 자기 고유의 삶이다. 이것이 의미하는 것은 이미 말했듯이, 결코 이기적으로 부모의 필요와 긴급한 어려움에 아무런 관심도 두지 않는 것이 아니며 자신만 챙기고 생각하는 것 역시 아니다. 다만 이는 자기 자신에게 자신과 부모가 함께 살아온 공동의 역사, 나 자신이 살고 싶은 방식의 삶, 그리고 구체적 상황이라는 맥락을 감안하면서 자신에게 어울리고 조화로운 것이 무엇인지를 묻는 것이다.

부모를 정성껏 돌보고 만일 부모가 홀로 살아가기 어려운 경우 자신의 집에 모시는 것이 자신의 삶에 있어 너무나 당연한 사람들이 있다. 그러나 그들이 이렇게 행동하는 것은 부모나 형제들이 그들에게 이런 기대를 하기 때문이거나 아니면 이렇게 하지 않으면 내내 양심의 가책에 시달릴 것 같아서가 아니고, 철저하게 자신의 자유에 의한 것이다.

그들이 자기 자신과, 또한 부모와 맺고 있는 관계야말로 이러한 결정의 기준이 된다. 그들은 자신의 인생 계획에서 이런

상황을 예견하지 못했다 하더라도 이러한 행위는 그들에게
잘 어울린다. 그들이 이끌어온 삶의 방식이나, 그들이 부모와
맺은 관계나 그들 자신의 자녀들이 기꺼이 할머니, 할아버지
와 함께 지내고 싶어 한다는 점들을 생각하면 이는 그들에게
있어 올바른 결정이다. 개인적으로 공간과 시간을 내어놓아
야 한다는 점이나 이제 부모와 이렇게 가까이 부대끼며 한집
에서 살 때 분명히 나타날 갈등 등은 부모를 모시고 사는 결
정을 하는 데 있어서 장애가 되지 않는다.

아마도 과거에 있었던 부모와의 안 좋은 경험들 때문에 부
모와 함께 지내는 것이 어려운 사람들이 있을 것이다. 그들에
게는 부모와 함께한다는 것이 어울리지 않는다. 그들이 견디
기에는 너무나 숨 막히는 일일 수 있다. 그러나 아마도 그들
역시 이런 상황에서 도움이 절실해진 부모에 대해 자기 나름
의 책임감을 가지고 있을 것이다.

그들은 부모를 위한 좋은 간병인을 구하기 위해 애쓰거나
부모를 머물 수 있는 요양원에 살게 하는 것 외에 다른 방법

을 찾지 못할 수도 있다. 그들은 아마도 여러 해 동안 부모를 누군가 돌봐줘야 할 때 어떻게 살고 싶은지 잘 생각하고 계획해보도록 권했을 것이다. 그러나 부모가 완고해서 이런 질문들을 제대로 대면하지 않았기 때문에 적절한 준비를 하기에 늦은 것이다. 이때 부모를 요양원에 모실 것인지 아니면 부모집에서 간병하며 버틸 것인지 결정을 해야 할 때, 할 수 없이 요양원에 모시는 것으로 결정을 하게 된다.

이런 경우에 있어서 자녀들이 어떻게 결정을 내리고 부모의 기대를 충족시키는 것이 그들에게 얼마나 조화로운가 하는 문제는 지금 이 순간과 또 과거의 부모와 자녀 간의 관계에 달려 있다. 이러한 복잡한 결정에 있어서 대립하는 여러 이유를 가늠하며 고려하는 것이 필요하다. 그리고 어떤 결론에 도달하는가는 각각의 경우가 다르다. 그기에 위의 예나 아니면 유사하게 보이는 질문들에 있어서 절대적인 규칙은 없다.

그러나 다시 한 번 분명하고 확실하게 할 것이 있다. 부모

와 평화롭게 지내는 것이 생활에서 부모와 가까이 지내려 애
쓰고 부모의 기대에 부합하려 애쓰는 것만을 의미하는 것은
아니라는 점이다. 극단적인 경우에 자신이나 자신의 가정이
부모에게 영향을 받게 하는 것이 잘못되었다고 생각하기 때
문에 부모와의 관계를 단절할 수도 있다. 그러나 이러한 외적
인 경계선 설정은 결코 내적인 독립과 부합하지 않는다. 우리
가 이미 봐왔듯이 내가 화에 사로잡히고 분노 때문에 움직이
거나, 부정적 기분으로 인해 스스로에게도 해를 끼치는 대신
모든 화와 분노를 잘 인지하고 그것을 나의 내면의 한 부분으
로 받아들이는 것이야말로 올바르게 내적이고 본질적인 선
긋기를 하는 것이다.

　다른 경우를 보자면, 우리는 부모에게 너무 과한 영향력을
우리에게 행하도록 하는 경우가 있다. 자녀로서 우리가 자신
의 고유한 자유로운 삶을 이끌어나가려 애쓰는 대신에 부모
에 대해서 우리 안에 쌓여 있는 부정적인 감정들을 해소하는
데 몰두하기 때문이다. 부모가 의도했건 의도하지 않았건,

우리에게 과거에 상처를 주었다고 하더라도 우리는 부모와 화해하며 지낼 수 있다. 그러나 단호하게 선을 그으면서 결코 부모의 기대에 부응하지는 않겠다는 태도를 취해야 하는 최악의 상황도 있을 수 있다.

여기에 다음의 사항을 추가해야 한다. 부모와 평화로운 관계를 갖는 것은, 부모가 개입할 일이 아닌 것에 대해 새삼 다시 신경을 예민하게 하거나, 예전에 익숙한 경우들을 두고 서로 으르렁거리는 것을 의미하는 것이 아니다. 평화를 발견했다는 것은 가깝고 밀접한 관계에서 늘 생겨나는 어려움으로 과하게 경직되게 경계를 짓는 내적 역동에 휘말리거나 퇴행적으로 부모의 영향에 속수무책인 자세로 돌아가는 것이 아니라, 자유로운 방식으로 그러한 어려움을 풀어가는 것이다.

특히 어려운 것은 더 말할 필요 없이 부모가 자신을 변화시킬 준비도 안 되어 있고, 그럴 능력도 없으며, 그래서 자녀들에게 과거에 상처를 주던 예전의 판단이나 습관에 고착되어 있을 때다. 그러면 자녀들은 부모에게 계속해서 다시 상처받을 수 있다. 그러나 자녀들은 부모에 대한 태도를 변화시킬 수 있다. 씩씩하게 상처받을 수 있는 자세로 부모를 만난다면, 자녀들은 과거의 행동 유형을 고집하거나 그들이 준 상처가 내면에서 불러일으키는 아픔에서 자신을 지킬 수 있다. 우리는 부모에 대해 오히려 내면에서부터 확고함과 의연함으로 대하며 필요에 따라서는 매우 분명히 경계를 그을 수 있다.

그런데 부모와의 관계를 특별히 힘들게 만드는 게 있다. 즉, 아주 작은 일상의 갈등들은 종종 매우 깊은 곳으로 뻗어나가는 뿌리를 가진다는 것이다. 아주 사소한 충돌 안에 근본적인 의구심이나 증오가 작용할 수 있다. 부모가 자신의 아이에게 너무 어린 나이에 텔레비전을 시청하거나 핸드폰을 가지고 놀도록 허락한다는 이유로 부딪힐 때, 단박에 근본적인 질문으로 이어지게 된다. 도대체 아이를 잘 교육한다는 것은 무엇인가에 대한 의견 차이가 드러난다.

부모를 실망시키는 기술은 그러기에 상처와 실망을 잘 다루는 장인의 기예다. 그러기에 다음 사실이 중요하다. 부모와 내면에서부터 참으로 화해한 사람은 많은 상황에서 또한 다른 사람에 대해서 자유롭고 화해한 사람으로서 대할 수 있다. 많은 사람에게 자신의 부모를 대하는 것보다 훨씬 어려운 일은 없을 것이기 때문이다.

부모를 실망시키는 기술은
상처와 실망을 잘 다루는 장인의 기예다.
부모와 내면에서부터 참으로 화해한 사람은
많은 상황에서 또한 다른 사람에 대해
자유롭고 화해한 사람으로서 대할 수 있다.

새로운 관계의 시작

우리는 부모에게
우리가 정말로 어떤 사람인지를 보여주기를 원한다.
그러나 이것은 부모를 실망시키지 않고서는 불가능하다.

부모를 실망시키는 두
번째 이유를 살펴보는 게 도움이 될 것이다. 진실하고 진정성
이 있으며 고유한 관계를 부모와, 또한 나 자신과 맺고 싶은 갈
망이 여기서 작용한다. 우리는 부모가 우리에게 가지고 있는
이상형을 실망시키고, 이로써 부모가 우리에게 가진 기대를
실망시키며, 부모에게 우리는 그들이 생각하는 모습과는 다른
사람이라는 것을 보여주게 된다.

모든 관계 안에는 다른 사람이 만든 표상들과 실제 우리가
존재하는 모습 사이의 긴장이 있기 마련이다. 당연히 우리가
우리 자신에 대해 만든 표상들과 실제로 우리가 존재하는 모

습 사이의 긴장도 있다. 그리고 심지어 우리가 우리 자신에
대해 맺고 있는 관계에서도 같은 긴장이 있다. 우리는 참으로
우리 자신이 어떤 사람인가에 대해서 내면의 이미지 혹은 표
상을 가지고 있기 때문이다. 이는 내가 무엇을 잘 할 수 있는
지, 나는 어떤 재능이 있는지, 어디까지가 나의 한계인지, 내
가 좋아하는 것과 좋아하지 않는 것이 무엇인지 등에 관한 것
이다. 이 모든 확신은 우리를 압박할 수 있고 때로는 우리를
더는 부합할 수 없을 특정한 상에 고착시킬 수 있다. 아마도
우리의 삶은 이것보다 더 넓은 것일 것이며, 아마도 더 많은
것을 시도하고 감행할 수 있을 것이다. 만일 우리가 우리 자
신에 대해 스스로 만든 표상에 자신을 제약시키지만 않는다
면 말이다!

부모와 관련해서 이러한 긴장은 더욱 분명하게 드러난다.
부모가 우리의 삶에 대해 가지는 시선은 우리가 어린아이였
을 때 우리와 함께한 사건과 경험으로 형성되었기 때문이다.
또한 부모의 인생 경험으로 형성된다. 독일어만이 아니라 여

러 언어에서 '아이'란 유아나 사춘기 때를 뜻하는 것이 아니라, 부모의 자녀를 뜻한다는 것은 이런 맥락에서 주목할 만하다. 언어적으로 넓은 의미에서 부모가 우리에 대해 가지고 있는 이러한 상은 사실 우리의 어린 시절을 통해 정해진다는 경험이 존재한다.

어린 시절은 대개 부모와의 관계에 있어 무엇보다도 부모에 대한 조건과 한계가 없는 신뢰에 기초해 부모와의 관계가 형성되는 시기이다. 또한 부모가 우리에 대해 훨씬 더 많은 것을 알고 있는 시기이다.

우리는 어린 시절을 한참 지나야 의식을 가지고 지각할 수 있고, 부모에 비한다면 자신의 어린 시절에 대한 기억이 훨씬 적다. 그 시절에 부모는 우리를 매우 밀도 있게 알게 된다. 부모는 아이로서 우리가 좋아하는 것과 싫어하는 것, 능력과 한계, 우리가 갈등을 견뎌가는 방식 등을 경험했다. 부모는 자녀의 감정적 세계를 직접적으로 함께 경험했고, 자녀의 실망과 심지어 자녀가 첫사랑으로 아파하는 것도 경험했을 것이다.

부모는 우리가 항상 부모 곁에 머물고 싶어 할 때, 아이로 서의 사랑을 감지했고, 우리가 매달리는 모습과 친밀감을 필 요로 하는 것을 기꺼이 받아주었다. 우리는 부모의 조언을 따 랐고, 순종했으며 부모의 세계관을 당연하게 여기며 받아들 였다. 그러나 많은 경우에 부모가 당연하게 유지하고 싶어 했 을 이 질서는 늦어도 우리의 사춘기 시기와 함께 사라져갔다.

이러한 상실은 어떤 부모에게는 받아들이기 어려운 것이 다. 그러나 이를 통해 이미 한 성인이 된 자녀의 삶을 부모가 어떻게 바라보고 있는지가 분명해진다. 성인이 된 우리가 어 떤 이견이 있는 사항에서 부모와 토론하고 논쟁하려 하면, 부 모는 즉각적으로 우리에게서 화난 어린아이나 폭발하는 청소 년을 보는 것이다.

그러나 우리는 그사이 훨씬 더 성장하고 자랐다. 우리는 어 린 시절을 지나 많은 새로운 것을 경험했으며, 이제 우리가 어떤 가치를 지향하며 주체적인 삶을 살기를 원하는 우리 자 신에 대한 측면들을 발견했다.

　인간의 성장은 결코 일직선으로 전개되지 않는다. 우리가 어떤 사람을 알게 될 때, 그가 우리를 근본적으로 바꿀 수도 있다. 그래서 우리는 자신과 세계에 대한, 또한 부모와의 관계에 대한 우리의 시각을 변혁시키는 위기를 겪기도 한다. 부모가 우리에 대해 가지고 있는 기대의 완고함은 우리를 어린 시절과 청년 시절로 환원시키기 때문에 우리를 답답하게 할 뿐만 아니라, 그러한 기대와 바람에는 늘 우리가 고유한 삶을 살아가는 것에 실패를 초래하게 할 위험이 있다.

　인간 사이의 관계에서 작용하는 이러한 원리는 부모와의 관계에서 오히려 더 분명하게 적용된다. 우리는 결코 다른 사람이 우리에 대해 가지고 있는 그림과 동일시될 수 없다. 자녀이자 아이인 우리에게 그러한 차이는 점점 큰 부담이 되어 간다. 우리는 부모와의 관계가 사실은 우리 자신과 관계되는 것이 아니라, 부모가 우리에 대해 갖는 기대와 관련되었다는 것을 점점 느끼기 때문이다.

　부모를 실망시키는 구도 안에서 보자면, 우리에 대해 부모가 갖는 기대를 바꾸기 위해 부모를 실망시키는 것은 부모와의 진실하고 고유한 관계를 맺게 되는 기회이지만, 동시에 자아와도 진실된 관계를 맺는 기회이기도 하다. 이러한 관계는 부모와 자녀 사이의 차이를 없애는 것은 아니다. 부모는 부모로서 존재하고 우리는 여전히 부모의 자녀로서 존재하되, 그러나 부모는 현실에 부합하는 새로운 토대를 받아들인다.

우리는 부모에게 우리가 정말로 어떤 사람인지를 보여주기를 원한다. 이를 통해 우리가 부모에게 낯설게 되고, 우리에게 선의를 베풀고 싶은 것들이 더 어려워지고, 부모가 우리에게 새로 적응해야 하는 위험을 감수하고서도 말이다. 그러나 이러한 위험이 크면 클수록 실망이라는 기회 역시 커진다. 부모와의 관계에서 한 성인이 다른 성인과 만나는 기회 말이다. 그렇다고 해서 이를 통해 비대칭적인 부모와 자녀 사이가 완전히 사라지는 것은 아니다.

그러나 이러한 새로운 관계는 오직 부모가 실망하는 것을 받아들이는 열려 있는 자세로 함께해줄 때 가능하다. 최상의 경우, 그들이 그들의 자녀를 새롭고 진정으로 바라보는 것을 요구하므로 부모의 입장에서 실망을 받아들이는 마음 없이는 불가능하다.

그래서 이러한 진정 어린 관계를 설정하는 것은 우리의 힘만으로는 도달할 수 없다. 우리는 우리가 할 수 있는 것을 할 뿐이다. 그러나 우리는 자기 자신과 고유하고 진정성 있는 관계를 맺을 자신의 잠재력과 능력을 과소평가해서는 안 된다. 아마도 여러분은 자신과 자신이 맺고 있는 관계들에서 화해를 이루어낸 사람들을 알 것이다. 그리고 그들이 얼마나 강렬하게 그들의 개방성과 친절과 공감 능력을 통해 주변 사람들에게 좋은 영향을 미치는지 경험하였을 것이다. 진실하고 올곧은 사람들, 자신의 진정한 삶을 발견한 사람들, 주변에서 그가 자기 자신과 화해하고 있다는 것을 느끼게 하는 사람들이 있다. 그들은 그들이 해낸 것과 같은 내적 태도를 우리 안에서 이루어내기를 갈망하게 한다. 우리 자신이 감지하는 것보다 더 강하게 말이다. 이는 우리의 부모 역시 느끼지 않을 수

없다. 언제나 화해한 마음으로 살고자 애쓰는 사람들은 그들
이 다른 사람 역시도 빛나게 하고 경직된 관계를 부드럽게 하
고 오래된 상처를 치유하게 할 수 있는 경험을 가능하게 한
다. 어떻든 간에 이러한 삶을 시작할 수 있다는 가능성만으로
도 놀라울 정도로 나를 매혹시킨다.

|

부모를 실망시키는 구도에서 보자면,
우리에 대해 부모가 갖는 기대를 바꾸기 위해
부모를 실망시키는 것은
부모와의 진실하고 고유한 관계를 맺는 기회이지만
동시에 자아와도 진실된 관계를 맺는 기회이기도 하다.

맺음말

이 책에서 짚어본 여러 생각은 내가 요한네스 로버와 함께 뮌헨 예수회 철학대학 산하 '철학과 리더십 연구소'에서 이끈 여러 연수회를 통해 무르익었다. 이 연수회는 주로 젊은 창업자들, 가업을 이어받은 젊은 기업인들, 그리고 막 경력을 시작하는 엔지니어들을 위해 열렸다. 너그럽게도 칼 쉬레히트 재단에서 후원해주었다. 이 재단과 재단의 창립자에게 감사의 마음을 드리고 싶다.

이 글의 초기 원고는 베른하르트 뷔글러 SJ., 킬리안 카르거, 요한네스 로버, 그리고 미하엘 쉬나이더가 읽어주었다.

그들이 이 글에 대해 해준 여러 값진 조언에 감사드린다. 시인인 데이비드 화이트에 대해서는 나와 미하엘 쉬나이더가 일찍이 함께 주목했었다. 그는 "씩씩하게 상처 입을 수 있음 (robust vulnerability)"이라는 개념을 정립했다.

이 개념에 대해 독일어 권에서는 심리분석가이자 유명 저자인 베레나 카스트(Verena Kast)가 "억세게 상처 입음(robuste Verletzlichkeit)"이라고 말했지만, 이 개념의 중점은 "상처 입기 쉬운(verletztlich)"이 아니라 "상처 입을 수 있게 존재한다 (verletztbar)"이기 때문에 "씩씩하게 상처 입을 수 있는 능력"이라는 번역이 그 의미에 더 잘 부합한다.

로욜라의 성 이냐시오가 말한 요새의 약한 자리에 대한 비유는 그의 〈영신수련〉 327항에서 가져왔다. 약간 축약해서 언급한 성서 구절은 루카복음 14장 26절에 나온다. 어떤 번역에서는 "미워하다"라는 말을 조금 부드럽게 해서, 그 대신에 "덜 중요하게 여긴다"고 옮기기도 한다. 그러나 이런 완곡한 표현은 그리스어 성서 원문 해석과도 다를뿐더러 이에 해당하는 히브리어 표현과도 어울리지 않는다.

이 책의 교정자인 베레나 폰 프뤼스코브가 기여한 점들은 두말할 나위 없이 크다. 각별한 감사를 드린다.

자신만의 '삶의 기술'을 들여다보는 시작점

지금 막 독자들께서 손에 쥔 미하엘 보르트의『부모를 실망시키는 기술』은 160쪽 정도의 얇은 책입니다. 종종 개념어들이 등장해서 읽기에 아주 쉬운 책은 아니지만, 그렇다고 어려운 책이 아니므로 겁먹을 필요는 없습니다.

『부모를 실망시키는 기술』은 난해한 학술서나 전문적인 철학책이 아닙니다. 제목이 알려주듯 일상과 삶의 태도에 관한 유익하고 실용적인 안내서입니다. 치밀한 논증과 문헌적 전거, 혹은 화려한 수사를 동원해서 독자에게 과한 집중력을 요구하는 것이 아니라, 오히려 독자의 마음을 헤아리고 친절하게 초대하는 미덕을 가진 책입니다.

그렇다고 달달한 위로나 당장 눈에 들어오는 경구들을 모아놓은 책은 아닙니다. 자신의 주관적 경험을 달변으로 담아놓은 책도 아닙니다. 저자 미하엘 보르트 신부는 인생의 본질을 바라보려 애쓰고 삶의 방향을 근본적으로 변화시키는 길을 차분히 생각하도록 초대합니다. 일상을 관찰하는 눈을 밝게 하고 내면의 감정이 말하는 것을 더 잘 듣고 중요한 결정을 할 때 좀 더 깊이 숙고할 수 있기를 권하고 있습니다.

책을 읽기 시작하면 곧 이 책이 저자의 책상에서 쓰인 것이 아니라, 여러 번에 걸친 강연들을 통해 자라났음을 알 수 있습니다. 내용이 명쾌하고 섬세할뿐더러, 마치 저자의 육성을 그대로 지면으로 옮겨온 듯 현장감 있고 생생한 문체가 인상적입니다. 이 책을 읽다 보면 혼자 방 안에서 독서를 한다기보다 소규모의 친밀한 세미나 그룹과 쾌적한 공간에서 즐겁게 대화를 나누며 진지하게 토론하는 체험을 하는 듯합니다. 저자는 마치 참여자가 마음을 열고 자유롭게 자신의 이야기를 꺼내고 건설적인 토론에 참여하도록 편안하면서도 역동적으로 안내하는 믿을 만한 토론 안내자와 같습니다.

이 책을 읽는 것은 학식과 경험이 풍부하고 배려심이 가득하되, 나에게 솔직하고 아프게 느껴지는 의견을 말하는 것을 꺼리지 않는 벗에게 내 인생의 고민을 털어놓고 상담하는 체험과 닮았습니다. 이러한 책의 성격은 누구라도 금방 느낄 수 있어서, 옮긴이로서 어떤 설명을 덧붙이는 것이 망설여지기도 합니다. 오히려 '책의 맛을 덜하게 만드는 게 아닐까'라는 걱정이 들기도 했습니다. 그럼에도 간단하게나마 이 책의 '사용설명서'를 달아보는 이유가 있습니다. 이 책의 진가는 그 안에 담고 있는 내용보다 미처 책이 다 서술하지 못한 의미에 대해 방향을 가리키고, 독자가 스스로 다가갈 수 있도록 안내하는 데 있다고 생각하기 때문입니다.

이 책을 읽으면 우리는 인생을 잘 살아가는 '삶의 기술'이 어떤 것인가를 고민하게 됩니다. 그리고 책이 말하지 못했던 풍부한 삶의 지혜를 우리의 일상에서 배우고 길러내고 채우기 시작할 것입니다.

『부모를 실망시키는 기술』의 저자 미하엘 보르트는 일찍이 전문적인 철학 분야, 특히 플라톤과 플로티누스 등의 고대철학 분야에서 높은 학문적 성과를 이뤘고, 꾸준한 연구와 훌륭한 강의로 성취를 이룬 철학자이자 고전학자입니다. 뛰어난 예술적, 문학적 감식안을 지닌 분이기도 합니다. 현대 언어철학에도 높은 식견을 지니고 있는데, 그래서인지 비트겐슈타인 이후 현대철학의 중요한 주제인 삶의 맥락과 영역에 따른 '언어놀이'의 실천적 의미를 잘 이해하고 자신의 저술에 잘 적용하고 있습니다. 이는 독자에 따라 적절한 글의 형식과 내용을 깊이 고민한다는 뜻이고, 이론적 탐구만이 아니라 삶에 영향을 미치는 실천을 자신의 철학적 활동 안에 진지하게 받아들인다는 의미입니다.

저자는 독일의 예수회 신부이기도 합니다. 학문적인 경력만 쌓아온 것이 아니라 인생에서 긴 세월을 영적 수련에 바쳤고, 다양한 사람들과 만나서 봉사하고 공동체를 이루며 대화하고 상담하면서 고민을 나누는 선교사로서, 사목자로서의 삶을 살아본 사람입니다. 뮌헨 예수회 철학대학에서 오랫동안 연구하고 강의를 해온 저자는 대학의 학장으로 재임하면서부터는 연구만이 아니라 실질적 재정과 행정적 영역까지 돌보았습니다. 그리고 철학 과목을 청강하고자 했던 일반인들과 많은 만남을 갖고 대화를 나누면서 오늘날 사람들이 겪는 어려움에 대해 깊이 공감하게 되었습니다. 그는 일상적 삶을 실질적으로 더 잘 살아갈 수 있도록 마음을 돌보며 행복하게 살아가는 데 철학이 구체적으로 도움이 되는 길에 대해 진지하게 고민했습니다.

그는 철학이라는 학문의 세계 바깥에 있는 일반인들에게 직업, 가정, 심리 같은 실질적인 생활에 있어서 철학이 어떻게 원리에 뿌리내리고 있으면서도 동시에 실용적 도움을 줄 수 있는지에 대해 질문하고 답을 찾고 있습니다. 이는 아마도 어느새 저자에게 전문적 연구만큼이나 의미 있는 작업이 된 것 같습니다. 그러니 이 책에는 깊은 관상을 바탕으로 세상으로의 철저한 투신을 추구하는 예수회 사제이자, 전문적인 철학

탐구와 강의가 삶의 방식인 고대철학 전문가이자 철학자이며, 경영에 책임을 진다는 것이 무엇인지를 잘 아는 대학 행정가이고, 지식과 경험을 일반 언어로 전달하는 강연자이자 상담가라는 저자의 다양한 관점과 입장이 총체적으로 반영되어 있습니다. 이러한 다양한 시각의 종합과 보충이야말로 이 책이 지니는 미덕의 원천이라 하겠습니다.

미하엘 보르트 신부가 평생을 연구해온 고대철학은 소크라테스 이래로 그 중심 주제를 '좋은 삶의 추구'라 보았습니다. '행복과 덕'에 대한 진지하면서도 실존적인 윤리학적 탐구는 고대철학의 핵심입니다. 오늘날 사람들의 삶에 있어서 고대철학이 가진 가치와 진가는 20세기 중반 이후 극적으로 재발견되었습니다. 고대철학은 더 이상 철학사적, 학술적 연구의 대상만이 아닙니다. 각 개인이 훌륭하고 행복하게 자신의 삶을 이끌어가고 건강한 공동체를 형성해가는 데 필요한 실질적인 지혜와 태도를 발견하고 익히는 '삶의 기술'인 것입니다. 고대철학이 시간의 차이를 넘어 현대인의 삶에도 놀라울 만큼 잘 부합한다는 사실은 피에르 아도와 같은 통찰력 있는 여러 고대철학 연구가들과 저술가들에 의해서 충분히 제시되었습니다.

그러나 여전히 고대철학의 중요한 텍스트와 그에 관한 철학적 해설들을 읽기 위한 진입장벽은 무시하기 어렵습니다. 상당한 수준의 예비적 학습과 시간과 노력을 들인 후에야 그 맛을 향유할 수 있는 것이 사실입니다. 다행히도 최근 들어 전문적 학술 용어 대신 현대인의 고민과 갈망에 응답하는 고대철학의 깊이를 현대인의 감각에 맞춰 맛깔나게 전해주는 저자들이 많이 나타나 반갑습니다.

알랭 드 보통 같은 유명 작가를 좋은 예로 들 수 있을 듯합니다. 철학을 깊이 이해하는 전문적 식견을 갖추고 있는 분들입니다. 지금 우리가 만나고 있는 저자 미하엘 보르트 역시 이러한 작업을 꾸준히 해왔고, 주목할 만한 결실을 내놓은 철학과 인생의 해설가라 할 수 있습니다.

미하엘 보르트 신부는 최근 몇 년간 평범한 생활인들을 위한 작지만 알찬 철학적 소품들을 선사하고 있습니다. 그의 저서들은 흔들리는 삶에 새롭게 방향을 정립하고, 인생에 있어 정말 가치 있는 일이 무엇인지 알아보는 안목을 키우고, 중요한 목표를 실현할 내적 역량을 키우는 데 필요한 조언입니다.

『위기에서 중요한 것: 어떻게 인생을 잘 이끌 수 있는가』, 『자기 자신을 잘 지탱하는 기술: 내적 자유의 길』이라는 그의 앞선 책들과 마찬가지로『부모를 실망시키는 기술』에 담긴 저자의 철학적 조언들은 간결하지만 근원적입니다. 그는 현학적 학문의 세계나 세속에서 떨어진 종교적 초월의 세계에서 글을 쓰고 있는 것이 아니라 직장생활에서 느끼는 성과주의의 압박, 가정에서 복잡하게 얽히는 가족 간의 문제, 친구 사이에 벌어지는 소통의 문제 등 보편적인 현대사회의 삶에 공감하고 있습니다. 더불어 그 안에 함께하면서 이러한 난관들을 통과하는 길을 모색합니다.

다른 한편으로 저자는 현대인의 일상에 공감하고, 우리 시

대에 어울리는 언어를 사용하지만, 유행과 그때그때의 변덕
스러운 사람들의 기호에 영합하기보다는 시대를 이겨내며 인
간 본질을 통찰한 고대철학의 정수에서 찾은 덕과 지혜와 내
면적 자유와 자기결정적인 삶의 방식을 보여주고 있습니다.

백과사전적 지식으로 담아낸 고대철학이 아니라, 오늘날의
현재적 가치를 지닌 '삶의 기술'로서 고대철학의 울림을 담았
습니다. 그것은 감정과 이성의 조화이자, 참된 갈망과 진정한
자기 존재와 자기실현의 식별이며, 타자와의 조화를 추구하
되 진실에 입각한 인간관계를 높이 평가하는 용기입니다. 지
금의 선택과 결단을 위한 현명함과 성찰의 힘을 키워가고, 이
성적 추론을 넘어서 감정으로만 인식할 수 있는 내면적 자아
에 대한 깨달음입니다.

이 책의 주제는 부모를 '잘' 실망시키는 기술입니다. 이 기
술은 내가 자기 자신과 타인과 세상과 바람직한 관계를 맺도
록 역량과 덕을 갖추었을 때 사용할 수 있습니다. 그래서 이

책은 단지 부모와의 관계를 풀어가는 능력만이 아니라, 이를 포함해서 좀 더 충실하고 진실하게 자기 자신이 되어가길 권합니다. 동시에 타자와의 올바른 관계를 정립해가는 가장 중요한 '삶의 기술'을 익히고 실천하는 인생의 여정에 대해 이야기합니다.

저자는 이 책이 일상의 구체적이고 개인적인 주제를 다루지만, 그 접근법은 결국은 '철학적'이라고 말합니다. '철학적'이라는 것은 무엇보다 두 가지 측면에서 풀이할 수 있습니다. 첫 번째로 인생을 전체적으로 보는 시각에서 문제를 바라본다는 사실입니다. 철학은 결코 인생을 단순화시키거나 삶의 개별적 사건들을 무시하지 않지만, 그래도 궁극적으로는 삶을 포괄적이고 전체적인 의미 안에서 바라보는 노력입니다.

두 번째로는 문제의 본질에 깊이 들어가기 위해서 '개념어'를 사용하고 있다는 사실입니다. 이 책에서 시인 데이비드 화이트의 '씩씩하게 상처받을 수 있음'이라는 개념을 이야기하며 테제 공동체의 창시자 로제 수사의 '화해한 마음으로 싸우기'라는 개념을 빌려오는 것은 그 좋은 예라고 할 수 있습니다. 개념어들은 때로는 문제를 추상화시키거나 필요 이상으로 난해하게 만들기도 하지만, 실제로 문제의 핵심에 진입하고 타당하고 보편적으로 해명하기 위해서는 올바른 개념을 찾고 사용하는 것이 매우 중요하고 유용합니다.

『부모를 실망시키는 기술』은 좋은 책이지만, 사실은 앞으로 할 말들의 실마리에 불과하다고 할 수 있습니다. 중요한 통찰들을 전해주지만 아직은 완성되지 않은 토르소에 머물러 있다고 말하는 것이 책에 대한 폄훼는 아닐 것입니다. 문화적, 언어적 차이가 있는 한국의 독자들에게는 전달되는 내용이 좀 더 제한적일 수도 있습니다.

그러나 이 책의 미덕은 우리가 가야 할 곳을 명쾌하게 보여주고 있다는 사실입니다. 그래서 이 책은 독자가 완성해야 하는 책, 이제 점점 더 채워가야 하는 책이라고 말하고 싶습니다. 이 책은 그래서 벗들이 함께 나누며 토론하며 읽을 때 빛이 날 것입니다. 혼자 읽는 것이라면 내 내면과 끊임없이 대화하고 질문하며 읽을 때 그 의미가 더욱 살아날 것입니다.

　이 책이 독자들께 자신만의 풍부한 '삶의 기술'을 들여다보는 시작점이 될 수 있다면, 이는 저자에게도 옮긴이에게도 더없는 영광과 보람일 것입니다.

2020년 눈부신 5월

신부 최대환